Jacqueline Tschiesche

Mord im Grand Hotel

Nach einem Text von **Maria Grazia di Bernardo**
Illustriert von **Paolo d'Altan**

Redaktion: Werner Knöfel
Projektleitung und Graphik: Nadia Maestri
Computerlayout: Tiziana Pesce
Bildbeschaffung: Laura Lagomarsino

© 2007 Cideb Editrice, Genua

Erstausgabe: Januar 2007

Fotonachweis:
S. 20 © www.bodensee-radweg.com

Trotz intensiver Bemühungen konnten nicht alle Inhaber von Text- und Bildrechten ausfindig gemacht werden. Für entsprechende Hinweise ist der Verlag dankbar.

Alle Rechte vorbehalten. Die Verbreitung dieses Buches oder von Teilen daraus durch Film, Funk oder Fernsehen, der Nachdruck und die fotomechanische Wiedergabe sind nur mit vorheriger schriftlicher Genehmigung des Verlages gestattet.

Wir würden uns freuen, von Ihnen zu erfahren, ob Ihnen dieses Buch gefallen hat. Wenn Sie uns Ihre Eindrücke mitteilen oder Verbesserungsvorschläge machen möchten, oder wenn Sie Informationen über unsere Verlagsproduktion wünschen, schreiben Sie bitte an:

www.cideb.it

ISBN 978-88-530-0337-9   Buch + CD

Gedruckt in Genua, Italien, bei Litoprint

Inhalt

Auftakt			4
KAPITEL	1	Abfahrt	5
KAPITEL	2	Das Grand Hotel	11
KAPITEL	3	Der erste Arbeitstag	22
KAPITEL	4	Ein neuer Freund	28
KAPITEL	5	Küchenchef Nr. 2	34
KAPITEL	6	Drama am Abend	41
KAPITEL	7	Noch ein Zwischenfall	47
KAPITEL	8	Ein Unglück kommt selten allein	56
KAPITEL	9	Der Albtraum ist zu Ende	63
KAPITEL	10	Sechs Monate später	72

Dossier	Dreiländereck Bodensee	18
	Menschen im Hotel	70

ÜBUNGEN   8, 14, 25, 31, 38, 45, 51, 59, 68, 75

@ INTERNETPROJEKT   55, 77

ABSCHLUSSTEST   78

🔘 Die CD enthält den vollständigen Text
🔘 Das Symbol kennzeichnet den Anfang der Hörübungen

ÜBUNGEN

Auftakt

1 Suche auf der Karte das Land Baden-Württemberg. Wie heißt die Landeshauptstadt? Baden-Württemberg hat drei Gebirge. Wie heißen sie? Und wie heißt der See im Süden von Deutschland?

4

KAPITEL 1

Abfahrt

Langsam fährt der Zug aus dem Hauptbahnhof Stuttgart. Karolin schaut aus dem Fenster und winkt [1]. Da stehen ihre Eltern. „Endlich", denkt Karolin, „zum ersten Mal keine Ferien mit der Familie an der langweiligen Adria. Seit Jahren das gleiche: derselbe Strand, dieselben Leute und Hans." Hans ist Karolins Bruder. Er ist 20, besucht die Universität in Tübingen und ist sehr sportlich. Ein hübscher Junge, nach Meinung von Karolins Freundinnen.

Karolin schließt das Fenster. Sie ist allein im Abteil und will eine Illustrierte lesen. Aber Karo, so nennen sie ihre Freunde, ist zu aufgeregt und kann sich nicht konzentrieren. Also schaut sie aus dem Fenster und denkt an ihre Reise. „Na ja, eine richtige Reise ist das ja eigentlich nicht, die 175 km von Stuttgart bis zum

---

1. **winken**: die Hände in der Luft bewegen.

5

Mord im Grand Hotel

Bodensee. Aber immerhin meine erste eigene Reise."

„Sei vorsichtig, Kind", hat ihre Mutter gesagt.

„Ach ja, die Mama. Immer ängstlich und besorgt."

„Dabei bin ich doch mit meinen 17 Jahren nun wirklich kein Kind mehr", hat Karolin geantwortet. „Aber für Mama werde ich wohl noch mit 30 ein Kind sein", denkt Karo halb resigniert, halb amüsiert.

Der Zug fährt schnell über die Schwäbische Alb. Und nach drei Stunden kommt Karo in Konstanz an, wo Onkel Georg auf sie wartet. Aber wer ist eigentlich Karolin? Karolin Rother geht in die 11. Klasse eines sprachlichen Gymnasiums in Stuttgart. Ihr Traum: in einem großen Hotel als Rezeptionistin zu arbeiten. Dafür braucht man Fremdsprachen. Karo spricht Französisch, etwas Italienisch und natürlich Englisch. Dabei gefällt ihr Englisch gar nicht besonders, aber Karo weiß, ohne Englisch läuft nix in der Arbeitswelt.

Karo freut sich auf Onkel Georg. Sie sieht ihn sonst nur bei Familienfesten. Onkel Georg ist Koch und hat schon in ganz Europa in berühmten Hotels gearbeitet. Zur Zeit ist er in einem Grand Hotel am Bodensee beschäftigt. Er hat diesen Ort gewählt, um näher bei seiner Familie zu sein.

Es war seine Idee. „Karo", hat er beim letzten Weihnachtsfest bei Oma und Opa gesagt, „mach doch in den Sommerferien ein Praktikum bei mir im Hotel."

Mama hat natürlich sofort protestiert. „Georg, das Kind ist doch noch so jung!" „Ach was", hat Onkel Georg geantwortet, „sie ist fast 17 und außerdem passe ich auf sie auf."

„Ach, Onkel Georg, du hast mir einen großen Gefallen getan", denkt Karolin, als der Zug in Konstanz ankommt.

Textverständnis

1 Lies Kapitel 1 noch einmal und ergänze die fehlenden Wörter.

a Karolin schaut .... und ....
b Zum ersten Mal .... mit ....
c Hans ist Karolins ....
d Sie ist .... und will ....
e Der Zug .... über die Schwäbische Alb.
f Karo spricht ...., etwas .... und ....
g Onkel Georg ist .... und hat schon .... in .... gearbeitet.

2 Was weißt du von Karolin, ihrem Bruder Hans, ihrer Mutter und ihrem Onkel Georg? Trage die Infos in die Tabelle ein.

Karolin: ....
Hans: ....
Mutter: ....
Onkel Georg: ....

Grammatik

1 Setze die richtigen bestimmten Artikel ein.

a Langsam fährt ..... Zug aus ..... Hauptbahnhof Stuttgart.
b Zum ersten Mal keine Ferien mit ..... Familie an ..... langweiligen Adria.
c Karolin schließt ..... Fenster.
d Sie schaut aus ..... Fenster und denkt an ..... Reise.
e „Georg, ... Kind ist doch noch so jung!"

ÜBUNGEN

2 Und noch einmal: bestimmter Artikel und Plural-Endung.

a ..... Zug, ...
b ..... Familie, ...
c ..... Jahr, ...
d ..... Strand, ...
e ..... Fenster, ...
f ..... Reise, ...
g ..... Kind, ...
h ..... Traum, ...
i ..... Koch, ...
j ..... Hotel, ...
k ..... Praktikum, ...
l ..... Fest, ...

Hörverständnis

1 Höre den Dialog zweimal. Was ist richtig (R), was ist falsch (F)?

		R	F
a	Karolin ruft ihren Bruder Hans an.	☐	☐
b	Karolin geht es nicht gut, sie hat Kopfschmerzen	☐	☐
c	Karolin hat Onkel Georg beim letzten Weihnachtsfest gesehen.	☐	☐
d	Onkel Georg schlägt Karolin vor, im Hotel am Bodensee zu arbeiten.	☐	☐
e	Karolins Mutter ist von der Idee begeistert.	☐	☐
f	Onkel Georg spricht morgen mit dem Hoteldirektor.	☐	☐
g	Onkel Georg ruft morgen nach dem Mittagessen an.	☐	☐
h	Karolin wartet auf Onkel Georgs Anruf.	☐	☐

2 Drei Infos für Reisende auf dem Bahnhof von Stuttgart. Höre die Lautsprecherdurchsagen zweimal. Welche der drei Aussagen ist richtig?

1 a ☐ Der Zug kommt nicht pünktlich an.
   b ☐ Der Zug ist kein Personenzug.
   c ☐ Der Zug ist vor einer Stunde angekommen.

Ü B U N G E N

2   a ☐ Der Zug kommt um 5 statt um 3 Uhr nachmittags an.
     b ☐ Der Zug hat drei Stunden Verspätung.
     c ☐ Der Zug kommt auf einem anderen Gleis an.

3   a ☐ Der Zug kommt um 3 Uhr nachmittags an.
     b ☐ Der Zug kommt mit drei Stunden Verspätung an.
     c ☐ Der Zug kommt auf Gleis 3 an.

Wortschatz

1 Wo arbeiten diese Personen? Ergänze den fehlenden Satzteil aus der Bildunterschrift im Dativ.

 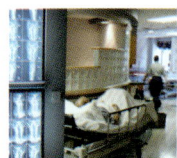  

e Fabrik   s Krankenhaus   s Geschäft   s Café

e Wohnung   e Küche   e Apotheke   e Schule

a   Der Koch arbeitet in …….   e   Die Verkäuferin arbeitet in …….
b   Der Arzt arbeitet in …….   f   Der Arbeiter arbeitet in …….
c   Der Lehrer arbeitet in …….   g   Die Hausfrau arbeitet in …….
d   Der Apotheker arbeitet in …….   h   Der Kellner arbeitet in …….

2 Unterstreiche in Kapitel 1 alle Verwandtschaftsbezeichnungen (z.B. *Bruder* etc.) Erstelle mit Hilfe des Wörterbuchs eine Liste mit weiteren Verwandtschaftsbezeichnungen.

KAPITEL **2**

Das Grand Hotel

nkel Georg sieht Karolin gleich auf dem Bahnsteig. Dann steigen sie ins Auto ein und fahren zum Grand Hotel. Ein Bau aus der Jahrhundertwende [1] mit großem Park, direkt am Bodensee. Karolin ist sprachlos, als sie von der Terrasse auf den blauen See schaut.

„Klasse, was?" sagt Onkel Georg. "Ja, ganz toll", antwortet Karo begeistert. „Los, ich begleite dich zu deinem Zimmer. Und wenn du ausgepackt hast, komm runter in die Küche zu einem Imbiss. Morgen habe ich frei. Dann stelle ich dir den Hoteldirektor vor. Der zeigt dir dann alles. Und am Nachmittag machen wir einen kleinen Ausflug. Hast du Lust?"

„Ja, tolle Idee", antwortet Karolin und hantiert mit der

---

1. **e Jahrhundertwende:** zwischen 1890 und 1910.

Mord im Grand Hotel

Magnetkarte an ihrer Zimmertür. Das Zimmer liegt im letzten Stock. Es ist klein. Wie ein Dienstbotenzimmer aus der guten alten Zeit. Aber der Blick auf den See ist einfach wunderbar.

Am nächsten Tag trifft Karolin den Hoteldirektor. Herr Günther ist Schweizer, sehr elegant und professionell. Mit einem leichten Akzent, später erfährt Karolin, dass man das Schwitzerdütsch nennt, erklärt er ihr die Aufgaben. Karolin muss an der Rezeption und in der Küche helfen. Und wenn die Zimmermädchen mal ein Problem haben, dürfen sie auch Karolin rufen. „Das", sagt Herr Günther, „ist der beste Weg den Hotelbetrieb von A bis Z kennen zu lernen."

Nachmittags zeigt Onkel Georg Karolin Konstanz. Nach einem Stadtrundgang lädt er sie in ein berühmtes Restaurant zum Abendessen ein. Die Kellner grüßen Onkel Georg mit Respekt. Er ist ja schließlich der Küchenchef des Grand Hotel. Und so etwas spricht sich rum. Karolin ist fasziniert von der luxuriösen Atmosphäre. Auch von dem Menü: Krabbencocktail als Vorspeise, Spaghetti alle Vongole und Bodenseeforelle. Als Dessert Tiramisu.

„Na, hat dir unser Ausflug gefallen?" fragt Onkel Georg sie später. „Morgen beginnt die Arbeit, meine Liebe. Aber mach dir keine Sorgen. Es wird schon nicht so anstrengend sein. Außerdem macht es Spaß, die Gäste zu beobachten. Die sind alle sehr reich. Und manchmal auch seltsam", sagt Onkel Georg etwas nachdenklich. In ihrem Zimmer ist Karolin etwas schwindelig [1]. „Das war wohl der Wein", denkt sie. „Und gegessen habe ich auch zuviel. Na ja, morgen in der Mittagspause gehe ich in das Fitnesscenter."

---

1. **schwindelig:** Gefühl im Kopf bei zuviel Alkohol.

ÜBUNGEN

Textverständnis

1 Was ist richtig (R), was ist falsch (F).

		R	F
a	Das Hotel ist ein Bau aus der Jahrhundertwende mit großem Park.	✓	
b	Der Hoteldirektor ist Schwede und spricht Deutsch ohne Akzent.		✓
c	Karolins Zimmer im letzten Stock ist groß.		✓
d	Konstanz ist eine interessante Stadt.	✓	
e	Onkel Georg lädt Karo zu Mc Donalds ein.		✓
f	Nach dem Abendessen ist Karolin sehr müde.	✓	
g	Am nächsten Tag will Karolin am See joggen.		✓
h	Das Hotel hat ein tolles Fitnesscenter.	✓	

Hörverständnis

1 Karolins Mutter ist besorgt. Endlich ruft Karolin an.
Höre den Dialog zweimal und ergänze die fehlenden Wörter.

Karolin: ...., Mama, endlich! ...., Karolin. Ich .... vor einer Stunde .... Die Fahrt .... ohne Probleme. Onkel Georg hat mich .... abgeholt und wir sind gleich .... gefahren.
Mama: Gott sei Dank. Sag mal, ist das Hotel wirklich so ...., wie Onkel Georg .... erzählt?
Karolin: Ja, ganz toll. Ein wunderbarer Bau mit einem ....
Mama: Und dein ....? Wie sieht das aus? Hast du ein .... Zimmer oder teilst du .... das mit anderen ....?
Karolin: Nein, Mama, ich habe ein Zimmer ganz für .... Es ist zwar klein, aber hat einen Superblick .... Mama, ich .... jetzt Schluss machen. Onkel Georg .... mit einem kleinen Imbiss .... auf mich.
Mama: Ja klar. Geh jetzt zu Onkel Georg. Er ist immer so nett. Und sei höflich zu den Leuten. Zieh dich anständig an und schmink dich nicht so sehr. Ach ja, liebe Grüße von Papa und von Hans.
Karolin: Danke Mama. Grüß die beiden auch von mir. Und mach dir keine Sorgen.   Tschüss

Grammatik

1 Mach dir keine Sorgen!
Unterstreiche in dem Dialog die Imperativformen und trage sie in die Tabelle ein. Bilde dann die 2. Person Plural und die Höflichkeitsform.

2. Person Sg.	2. Person Pl.	Höflichkeitsform
Sag	Sagt	Sagen Sie

2 Briefing. Herr Günther erklärt Karolin, worauf sie achten muss. Setze die Infinitive in den Imperativ. Was glaubst du? Sagt Herr Günther Du oder Sie zu Karolin? Benutze beide Formen.

a .... auf meine Erklärungen. (*achten*)
b .... nicht zu spät zur Arbeit. (*kommen*)
c .... immer als erste die Hotelgäste. (*grüßen*)
d .... jede Frage höflich zu beantworten. (*versuchen*)
e .... nichts Privates von den Hotelgästen. (*erzählen*)
f .... immer, bevor du / Sie ein Zimmer .... (*klopfen, betreten*)
g .... vorsichtig mit zerbrechlichen Gegenständen. (*sein*)
h .... nicht das Handy während der Dienstzeit. (*benutzen*)
i .... nicht in öffentlichen Räumen. (*rauchen*)
j .... nicht am Computer der Rezeption. (*chatten*)
k .... bei Unklarheiten. (*fragen*)

ÜBUNGEN

3 Ergänze mit der richtigen Präposition.

a Karolin sitzt ……….. Onkel Georgs Auto.
b Das Hotel liegt ……….. See.
c Ich begleite dich ……….. deinem Zimmer. Komm runter ……….. die Küche ……….. einem kleinen Imbiss.
d Der Rundgang ……….. die Stadt ist interessant.
e ……….. Restaurant ist Karolin fasziniert ……….. der luxuriösen Atmosphäre.
f ……….. dem Abendessen bedankt sich Karolin ……….. den wunderbaren Nachmittag.
g Morgen will Karolin ein bisschen ……….. Fitnesscenter trainieren.

4 Das ist Karolins Zimmer. Kannst du es beschreiben? Benutze die Positionsverben *stehen* und *liegen* und Adverbien wie *links* und *rechts* und /oder Präpositionen.

………………………………………………………………………………………
………………………………………………………………………………………
………………………………………………………………………………………
………………………………………………………………………………………

16

ÜBUNGEN

Lesen Plus

1 Lies die Infos zum Hotel „Goldener Löwe". Beantworte dann die Fragen mit *Ja* oder *Nein*.

GOLDENER LÖWE

In ruhiger Lage an einer kleinen Straße, die direkt zum See führt, befindet sich in einer Villa aus dem Jahr 1826 das Hotel „Goldener Löwe". Vor einigen Jahren mit viel Marmor und Stuck von den Besitzern Johannes und Anna Römer restauriert, kann man im Sommer gemütlich auf der Terrasse frühstücken und dort auch das Mittag- und Abendessen einnehmen. Reizvoll auch ein Aperitif als Sundowner, wenn die Sonne im See versinkt. Das Restaurant, nicht nur für Hotelgäste, ist durchgehend geöffnet. Die Küche bietet hausgemachte Spezialitäten an u.a. Bodenseeforelle mit Kartoffelgratin. 15 geschmackvoll eingerichtete Zimmer, alle mit Dusche/ WC und Seeblick, sind ein Muss für erholsame Ferien am Bodensee.

		Ja	Nein
a	Im Text steht der Name des Hotels?	✓	
b	Erfahren wir etwas über die Geschichte des Hotels?	✓	
c	Die Besitzer heißen Römerberg?		✓
d	Es gibt keine Infos über die Ausstattung der Zimmer?	✓	
e	Das Restaurant ist nur für die Hotelgäste?		✓

Interkultureller Tipp!

In Deutschland siezt man sich viel mehr bei der Arbeit als in anderen Ländern. Viele Kollegen tun das auch noch nach langen Jahren gemeinsamer Arbeit. Auch Lehrer müssen ihre Schüler ab 16 mit Sie anreden. Wenn du unsicher bist, benutze immer das Sie. Das Du bietet dir immer die ältere Person an.

17

Dreiländereck Bodensee

Der Bodensee ist einer der größten europäischen Seen. Sein Wasser kommt vom Rhein, der am südlichen Ufer bei Bregenz in den See fließt. Der See hat eine Fläche von 570 m2, ist 63 km lang und 14 km breit.
Drei Länder grenzen an den Bodensee: die Schweiz, Österreich und Deutschland. Gemeinsam ist für alle das milde Seeklima und die malerische Landschaft. Die größte Stadt am Bodensee ist Konstanz (D). Sie ist sehr beliebt bei Touristen und hat auch Geschichte geschrieben. Von 1414-1418 war hier das Konstanzer Konzil. In den vier Jahren war Konstanz voll von Kardinälen, Pfarrern, Königen,

Prinzen und Handelsleute. Die Frauenstatue Imperia erinnert an diese Zeit. Sie hält in ihren Händen einen Bischof und einen König.

In Konstanz nimmt man die Fähre und erreicht in 15 Minuten die Blumeninsel Mainau. Autos sind hier verboten. Es ist ja auch viel schöner zu Fuß die tropische Vegetation des botanischen Gartens zu erkunden. Der Garten ist ein Geschenk der Grafenfamilie Bernadotte. Sie wohnt noch heute in dem Schloss aus dem 18. Jahrhundert.

Imperia in Konstanz.

Die Blumeninsel Mainau von oben.

Der Zeppelin

Ferdinand Graf Zeppelin
(1838-1917).

Auch ein anderer Graf ist in die Geschichte des Bodensees eingegangen: Ferdinand Graf Zeppelin, geboren 1838 in Konstanz. Er erfand und entwickelte 1895 einen Lenkballon oder auch Luftschiff, noch besser bekannt als der Zeppelin. Mit seinem vierten Modell, dem LZ4, fliegt er im Juli 1908 12 Stunden über die Schweiz und wird sehr bekannt. Einen Monat später wird nach einer 24 Stundenfahrt der LZ4 bei der Notlandung zerstört.

Aber die Bevölkerung ist so begeistert von diesem Luftschiff, dass sie 6,5 Millionen Reichsmark für eine Neukonstruktion spendet. Im Ersten Weltkrieg werden Zeppeline auch militärisch genutzt. Die Geschichte des Zeppelins kann man sich im Zeppelin-Museum in Friedrichshafen an schauen. Dort kann man auch einen Flug in einem Zeppelin buchen. Warum nicht einmal den Bodensee von oben betrachten. Oder mit dem Fahrrad. Der gesamte Rundfahrradweg ist 130 km lang. Man kann ihn in zwei bis sechs Tagen zurücklegen. Bei Überlingen sollte man einen Abstecher nach Schloss Salem machen. Das Schloss ist ähnlich wie Eton in England ein berühmtes Elite-Internat.

Leseverständnis

Was ist richtig (R), was ist falsch (F)?

		R	F
a	Der Bodensee ist der größte europäische See.	☐	☐
b	Touristen mögen Konstanz.	☐	☐
c	Mit dem Auto erreicht man die Insel Mainau in 15 Minuten.	☐	☐
d	Die Grafenfamilie wohnt nicht mehr in dem Schloss.	☐	☐
e	Graf Zeppelin hat einen Heißluftballon erfunden.	☐	☐
f	Im Ersten Weltkrieg waren Zeppeline strategisch wichtig.	☐	☐
g	Mit dem Fahrrad kann man den Bodensee an einem Tag umfahren.	☐	☐
h	Auf Schloss Salem wohnen Universitätsstudenten.	☐	☐

KAPITEL 3

Der erste Arbeitstag

"Oh Gott, heute ist mein erster Arbeitstag", denkt Karolin aufgeregt, als sie ihr dunkelblaues Kostüm anzieht. „Ich soll mich nicht schminken, hat Mama gesagt. Ach was, ein bisschen Lippenstift und blauer Lidschatten kann nicht schaden. Dann sehe ich älter aus und die Leute nehmen mich ernster."

Karo geht runter in die Hotelküche, um mit ihren Kollegen zu frühstücken. Onkel Georg ist schon da und bespricht das Tagesmenü mit den anderen Köchen. „Onkel Georg, kann ich das Fitnesscenter benützen?" fragt Karo ihren Onkel. „Ich glaube schon", antwortet er, „aber am besten fragst du Herrn Günther. Da kommt er ja schon. Pünktlich wie immer."

Der erste Arbeitstag

Herr Günther, höflich und elegant, begrüßt das Personal und erklärt dann Karolin den Tagesablauf:

Mord im Grand Hotel

von 8 bis 10 Uhr im Frühstückssaal;
von 10 bis 12 Uhr mit Sarah, dem polnischen Zimmermädchen;
von 12 bis 14 Uhr Mittagessen mit dem Personal und Pause;
von 14 bis 16 Uhr in der Küche;
von 16 bis 18 Uhr an der Rezeption.
Und ab 18 Uhr hat Karolin frei.

Karolin hat gut zugehört. Dann fragt sie Herrn Günther schüchtern [1]: „Ehm,...darf ich vielleicht das Fitnesscenter benützen?" „Natürlich", antwortet Herr Günther in seinem Schwitzerdütsch, „aber nur von 12 bis 14 Uhr, wenn unsere Gäste beim Mittagessen sind." Bevor Herr Günther geht, sagt er noch: „Ach ja, wenn Sie irgendwelche Fragen haben, dann gehen Sie bitte zu meiner Assistentin, Frau Elfriede."

Und da kommt schon Frau Elfriede, eine blonde, etwas mollige [2] Dame von etwa 50 Jahren. Sie lächelt Karo zu: „Sie finden mich immer im Büro des Herrn Direktor. Sie wissen doch, wo das ist, oder?"

„Ist ja alles super organisiert hier", denkt Karo und folgt der Kellnerin in den großen Frühstückssaal. Die ersten Gäste sind schon da. Das Frühstücksbüffet ist reich gedeckt: verschiedene Brot- und Brötchensorten, Spiegelei und Rührei, Wurst und Käse, Quark und Joghurt, Müsli, Fruchtsalat und ... Sekt!

„Kann man soviel zum Frühstück essen?", wundert sich Karo, „na ja, dafür gibt es ja dann das Fitnesscenter."

1. **schüchtern:** ängstlich.
2. **mollig:** ein bisschen dick.

Textverständnis

1 Was ist richtig (R), was ist falsch (F)?

		R	F
a	Karolin zieht sich ein dunkelgrünes Kostüm an.	☐	☐
b	In der Hotelküche isst Karolin mit ihren Kollegen zu Mittag.	☐	☐
c	Karolin arbeitet von 8 bis 18 Uhr.	☐	☐
d	Es gibt keine Pause.	☐	☐
e	Das Fitnesscenter ist nur für Gäste geöffnet.	☐	☐
f	Der Frühstückssaal ist noch leer.	☐	☐

2 Weißt du die Antwort?

a Mit wem spricht Onkel Georg, als Karolin in die Hotelküche kommt?
b Was fragt Karolin Herrn Günther?
c Wie ist Karolins Tagesablauf?
d Wer ist Frau Elfriede?
e Was denkt Karo über die Organisation des Hotels?
f Was gibt es im Hotel zum Frühstück?

Grammatik

1 Erinnerst du dich an die Possessivpronomen? Ergänze die Tabelle.

Singular	Plural
mein-	....
....	euer-
sein-, ..., ...	Ihr-, ihr-

ÜBUNGEN

2 Karolin zeigt Sarah ein Familienfoto. Ergänze mit dem Possessivpronomen und der richtigen Endung.

Das ist …. Familie letztes Jahr zu Weihnachten. Der da in der Mitte, das ist …. Vater. Rechts von ihm, das ist …. Mutter, also …. Frau, und links ist …. Mutter, also …. Großmutter.
…. Bruder Hans ist hinter …. Vater. Ich stehe hinter …. Großmutter, und …. Onkel Georg steht hinter …. Mutter. Er ist …. Bruder. Wir haben auch einen Hund und eine Katze. …. Hund heißt Tim und …. Katze heißt Mike. ……. Bruder hat Tim auf dem Arm und Mike sitzt auf dem Schoß von ……. Großmutter.

Hörverständnis

1 Interview mit Herrn Georg Witzigmann, einem berühmten Küchenchef. Höre den Dialog zweimal, kreuze die richtige Antwort an.

1 Das Grand Hotel Du Lac hat:
  a ☐ drei Küchenchefs;
  b ☐ zwei Küchenchefs;
  c ☐ vier Küchenchefs;
  d ☐ keinen Küchenchef.

2 Küchenchef Georg Witzigmann hat heute als Vorspeise:
  a ☐ marinierte Auberginen;
  b ☐ Auberginen in Tomatensauce;
  c ☐ Melone mit Schinken;
  d ☐ keine Vorspeise.

ÜBUNGEN

3 Küchenchef Georg Witzigmann hat heute als ersten Gang:
- a ☐ Spaghetti alla Carbonara;
- b ☐ Tomatencreme mit Curry;
- c ☐ Linguine mit Tomaten, Oliven und Ricotta;
- d ☐ Penne all´Arrabiata.

4 Küchenchef Georg Witzigmann hat heute als zweiten Gang:
- a ☐ Kalbsbraten mit gedämpftem Gemüse;
- b ☐ Fiorentina-Steak mit gegrilltem Gemüse;
- c ☐ Steinbutt vom Rohr mit gratiniertem Gemüse;
- d ☐ Überbackenen Lachs im Gemüsebett.

5 Küchenchef Georg Witzigmann hat heute als Dessert:
- a ☐ Blaubeertorte;
- b ☐ Joghurt-Pfefferminzeis;
- c ☐ Tiramisu;
- d ☐ Zitronensorbet.

6 Die Journalistin probiert kein Dessert, denn:
- a ☐ es ist zu spät;
- b ☐ sie ist zu müde;
- c ☐ sie macht Diät;
- d ☐ sie mag nichts Süßes.

Sprechen wir darüber?

1 Wie findest du Karolins Tagesablauf. Wähle ein Adjektiv aus der Liste und diskutiere mit deinem Partner.

> stressig — angenehm — langweilig —
> interessant — bequem — toll

2 Und wie ist dein Tagesablauf? Was machst du wann?

KAPITEL 4

Ein neuer Freund

[9] In der Mittagspause isst Karolin nicht mit dem Personal, sondern geht in das Fitnesscenter. „Ich habe gestern Abend zuviel gegessen und auch das Frühstück heute morgen war reichlich," denkt sie, „ein bisschen Bewegung tut jetzt gut."

Das Fitnesscenter hat supermoderne Geräte und ein großes Schwimmbecken. „Wunderbar", denkt Karo. Da hört sie eine Stimme hinter sich. „Kann ich Ihnen vielleicht helfen?" „Wie bitte, ehm...?" Karolin weiß nicht was sie antworten soll.

„Ich meine, kann ich etwas für Sie tun", sagt die Stimme mit ausländischem Akzent.

„Oh...Entschuldigung! Nein, danke! Ich bin nicht Gast im Hotel, aber der Direktor hat mir erlaubt, das Fitnesscenter zu benutzen", sagt Karo. Sie dreht sich um. Sie ist neugierig und will sehen, wer da spricht.

28

Ein neuer Freund

Da steht ein junger Mann etwa in ihrem Alter. Er ist größer als sie, hat breite Schultern, braune Haare und blaue Augen.

Mord im Grand Hotel

„Ah... Ok. Ich bin Richard, genannt Rich, und wie heißt du?"

Karo stellt sich vor und erzählt von ihrem Praktikum. Auch Richard hat einen Ferienjob im Hotel als Fitnesstrainer. Er kommt aus den USA, genauer gesagt aus Boston. Seine Familie hat deutsche Vorfahren [1], seine Großeltern waren aus Schwaben und alle sprechen ein bisschen Deutsch. Richard ist zwanzig, besucht ein berühmtes College bei Boston und möchte Medizin studieren. Ein deutscher Vetter, ein Freund von Herrn Günther, hat Richard den Job besorgt. Rich ist drei Monate lang verantwortlich für das Fitnesscenter. Und für die Gäste als Personaltrainer. Kein Problem für Richard, denn das hat er auch schon in Luxushotels in Florida gemacht. „Ich möchte die Sprache meiner Vorfahren lernen, aber ich habe keine Zeit für einen Deutschkurs. Ich bin immer erst spät abends mit der Arbeit fertig", sagt Richard.

Karo hat sofort eine Idee. „Wenn du willst, kann ich dir helfen. Ich muss nämlich mein Englisch verbessern. Wir können im Tandem lernen."

Sie denkt: „Er ist sympathisch und auch ganz schön attraktiv mit seinem sportlichen Körper...hoffentlich sagt er ja."

„Ok", sagt Richard, „Superidee. Wann können wir anfangen?"

„Wenn du willst, schon heute Abend", schlägt Karo vor, „passt es dir um 8 Uhr?"

„Ok", sagt Rich mit breitem Lächeln.

„Also, um 8 im Garten bei dem großen Brunnen. Übrigens, man sagt nicht Ok, sondern ´alles klar´".

„Ok ehm, Entschuldigung, ich wollte sagen ... alles klar. Also um 8 heute Abend, Caroline."

„Nicht Caroline, Karolin."

Textverständnis

1 Bringe die Sätze in die richtige Reihenfolge.

a ☐ Karolin will Richard beim Deutschlernen helfen.
b ☐ Richard, ein attraktiver junger Amerikaner, arbeitet im Fitnesscenter.
c ☐ Seine Familie hat deutsche Vorfahren, seine Großeltern kommen aus Schwaben.
d ☐ Das Fitnesscenter hat moderne Geräte und ein Schwimmbecken.
e ☐ Richard möchte besser Deutsch sprechen.
f ☐ Gestern hat Karolin zuviel gegessen und verzichtet heute auf das Mittagessen.
g ☐ Richard denkt, Karolin ist ein Gast des Hotels.
h ☐ Karolin hat die Erlaubnis, das Fitnesscenter in der Mittagszeit zu benutzen.

Grammatik

1 Richard schreibt seinem deutschen Cousin eine E-Mail. Richard kann noch nicht gut Deutsch und macht einige Fehler. Kannst du sie finden?

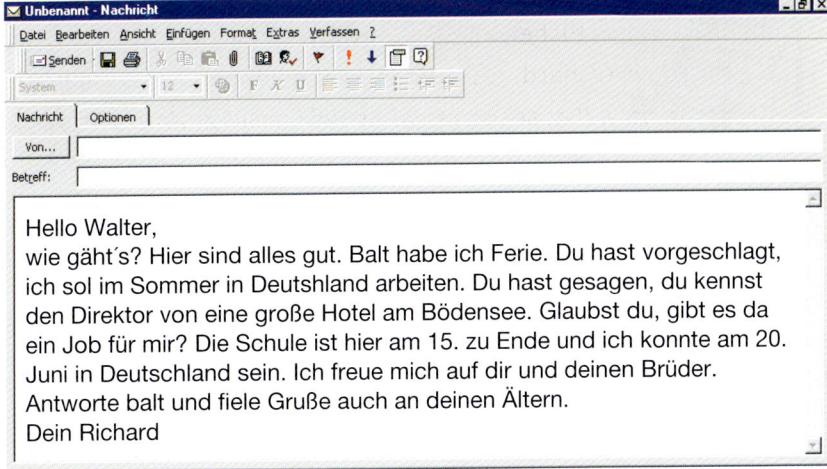

Hello Walter,
wie gäht´s? Hier sind alles gut. Balt habe ich Ferie. Du hast vorgeschlagt, ich sol im Sommer in Deutschland arbeiten. Du hast gesagen, du kennst den Direktor von eine große Hotel am Bödensee. Glaubst du, gibt es da ein Job für mir? Die Schule ist hier am 15. zu Ende und ich konnte am 20. Juni in Deutschland sein. Ich freue mich auf dir und deinen Brüder. Antworte balt und fiele Gruße auch an deinen Ältern.
Dein Richard

ÜBUNGEN

Lesen Plus

1 Vier kurze Jobanzeigen. Lies sie aufmerksam und beantworte die Fragen.

1 **Pizzeria** *Bella Genova* sucht Junge oder Mädchen als Küchenhilfe. Tel. 0201 4545990.

2 Babysitter für zwei Kinder (5 und 9 Jahre) für die Sommerferien gesucht. Abends anrufen. Tel. 0432 479511

3 **Hotel Maxim** *** sucht für Sommersaison Junge/Mädchen für die Rezeption. Englisch- und Französischkenntnisse notwenig. Tel. 02185 46485.

4 Boutique in Touristenort sucht Aushilfe für Sommersaison. Englisch-, Französisch- und Spanischkenntnisse notwendig. Abends spät anrufen. Tel. 02141 55908.

a ☐ In welcher Anzeige arbeitet man mit Kindern?
b ☐ In welcher Anzeige braucht man Französischkenntnisse?
c ☐ Und in welcher Spanischkenntnisse?
d ☐ In welcher Anzeige arbeitet man in der Küche?

Schreibschule

1 Hier hast du Stichwörter zu Karolin und Richard. Schreibe zu beiden einen kurzen Text.

Deutsche — Stuttgart - 17 Jahre — Gymnasium- lernt Fremdsprachen — einen Bruder- Hans- Onkel Georg — Küchenchef- berühmtes Hotel — Bodensee — Sommerferien — Praktikum - Amerikaner - 20 Jahre — College — deutsche Großeltern- wenig Deutsch — sehr sportlich — Sommerferien — Fitnesscenter — Grand Hotel Du Lac

32

ÜBUNGEN

Deutsch nach Englisch

1 Richard interviewt Karolin. Du bist Karolin und antwortest auf Deutsch.

a Hello Caroline! What´s your surname?
....

b How old are you?
....

c Where are you from?
....

d What´s your job?
....

e What are your hobbies?
....

f Have you been to America?
....

Interkultureller Tipp

Tandemlernen

Tandemlernen ist eine Lernpartnerschaft. Beide Partner lernen eine Fremdsprache, aber sind auch Experten in ihrer Muttersprache und wissen viel über ihr Land und ihre Kultur. Das geben sie an ihren Tandempartner weiter. Tandems funktionieren schon bei Anfängern und führen zum selbständigen Lernen.

KAPITEL 5

Küchenchef Nr. 2

10 **S**ieben Uhr morgens. Karolin frühstückt mit dem Hotelpersonal. Heute ist ihr zweiter Arbeitstag. „Gestern hat ja alles super geklappt", denkt sie, „und Deutsch mit Richard hat richtig Spaß gemacht. Heute Abend wollen wir ins Kino..."

Plötzlich hört sie eine unsympathische Stimme. „Oh, voilà Mademoiselle Caroline, die Nichte von unserem König der Küche, dem großen George...! Bonjour und Bienvenue, Willkommen bei uns!"

Der starke französische Akzent erinnert Karolin an ihren Französischlehrer auf dem Gymnasium und der war unsympathisch.

Karolin dreht sich um und antwortet höflich: „Guten Morgen, Herr....ehm".

Der Herr ist klein, ziemlich dick und trägt einen Schnurrbart.

„Ich heiße Henry, nein, Monsieur Henry, ich bin Küchenchef Nr. 2."

34

Mord im Grand Hotel

„Sehr erfreut", sagt Karolin ziemlich kühl.

Später räumt sie mit Sarah, dem Zimmermädchen, die Zimmer im ersten Stock auf. Sarah kommt aus Polen. Sie ist 22, wohnt in Warschau und hat in einem Sprachgymnasium Deutsch gelernt. Wie Karolin möchte auch sie als Rezeptionistin in einem großen Hotel arbeiten, am liebsten in Deutschland. Sarah ist blond, groß und dünn. Sie ist sehr sympathisch. Aber sie hat einen Fehler: sie redet zu viel. Sarah sagt aber: „Viel reden ist gut für mein Deutsch."

„Also dieser Monsieur Henry...", beginnt Karolin schüchtern, „ein bisschen komisch ist der ja schon, oder?"

„Ach, ja, Monsieur Henry", lacht Sarah, „wir nennen ihn Monsieur Boule, weil er so kugelrund ist. Er ist der zweite Küchenchef. Dein Onkel arbeitet montags, mittwochs und samstags. Monsieur Boule an den anderen Tagen. Henry mag deinen Onkel nicht sehr. Als erster Küchenchef kocht er immer bei Hochzeiten und anderen Festen. Monsieur Boule muss dagegen die Routinesachen machen. Dabei kann er auch gut kochen, aber natürlich nicht wie dein Onkel..."

Beim Mittagessen ist auch Onkel Georg dabei. Eigentlich ist heute sein freier Tag. Aber er will mit seinem Team das Menü für das große Fest am Samstag besprechen. Da will nämlich eine reiche Amerikanerin ihren Geburtstag feiern. Und Onkel Georg soll kochen. Und kein anderer.

Da kommt Henry aus der Küche gerannt. „Méchant! Salou! Auch diesmal kochst du wieder", schreit er halb auf Französisch, halb auf Deutsch. „Oh, das wirst du mir büßen [1], jawohl!

---

1. **büßen:** für etwas moralisch bezahlen.

36

Küchenchef Nr. 2

Ich verfluche [1] dich!"

Karos Onkel und alle anderen sind sehr überrascht. Alle wissen, dass Monsieur Henry eifersüchtig [2] auf Onkel Georg ist, aber so wütend hat man ihn noch nie gesehen. Da kommt auch schon der Hoteldirektor mit seiner Assistentin Frau Elfriede: „Monsieur Henry, je vous en prie! Also bitte! Im Speisesaal sind Gäste. Was ist denn los hier?"

Frau Elfriede versucht die beiden — sie sind rot wie Tomaten — zu beruhigen.

„Aber meine Herren! Sie werden doch nicht etwa streiten! Jeder kommt mit dem Kochen dran. Und die Gäste lieben Ihre Küche, Monsieur Henry, genauso wie die von Herrn Georg."

Am Ende sieht Onkel Georg sehr traurig aus und Monsieur Henry verlässt den Raum und brummt: „Die Sache ist noch nicht zu Ende, oh, nein!"

Onkel Georg geht zu Karolin: „Mach dir keine Sorgen, Karo, wir wissen ja alle, dass Monsieur Henry eifersüchtig auf mich ist. Aber heute hat er wirklich übertrieben [3]. Trotzdem, ich glaube, die Sache ist vorbei."

„Na, hoffentlich", denkt Karo.

1. **jmd. verfluchen:** jmdm etwas Negatives wünschen.
2. **eifersüchtig:** neidisch.
3. **übertreiben:** etwas zu intensiv tun.

ÜBUNGEN

Textverständnis

1 Was passiert in Kapitel 5? Antworte mit R (richtig) oder F (falsch).

		R	F
a	Karolin denkt an den Abend mit Richard.	☐	☐
b	In der Küche hört sie eine Stimme mit einem starken russischen Akzent.	☑	☐
c	Der zweite Küchenchef ist groß und dick.	☐	☑
d	Karolin fragt Sarah nach Monsieur Henry.	☑	☐
e	Onkel Georg kommt in die Küche, um mit Karolin über ihre Großmutter zu sprechen.	☐	☑
f	Der zweite Küchenchef begrüßt Onkel Georg freundlich.	☑	☐
g	Herr Günther und Frau Elfriede sind auf der Seite von Monsieur Henry.	☐	☑
h	Karolin beruhigt Monsieur Henry.	☐	☑

Wortschatz

1 Welches Wort passt nicht?

a Zug — Flugzeug — Küche — Autobus
b Mama — Katze — Großmutter — Onkel
c See — Sommer — Herbst — Winter
d Pizzeria — Restaurant — Bar — Kino
e Zimmer — Küche — Speisesaal — Diskothek
f Nachmittag — Samstag — Montag — Mittwoch
g Frühstück — Pizza — Mittagessen — Abendessen
h Junge — Koch — Ingenieur — Arbeiter
i Schwimmbad — Fitnesscenter — Bahnhof — Sauna

ÜBUNGEN

Grammatik

1 Karolin erzählt Sarah von ihrem Abend mit Richard. Ergänze die Verben aus der Liste im Perfekt.

> erklären – erzählen – lernen – mitbringen – treffen – wiederholen – vorschlagen

a Gestern Abend *habe* ich Richard *getroffen*.
b Er .... in Amerika schon ein bisschen Deutsch ....
c Ich .... ihm ...., dass wir im Tandem lernen.
d Er .... sein Deutschbuch .... und ich .... ihm den Akkusativ und Dativ ....
e Dann .... wir einige schwierige Vokabeln ....
f Er .... mir auf Englisch interessante Dinge über Amerika ....

Deutsch nach Englisch

> *I like you* → Ich mag dich
> *I like learning German* → Ich lerne gerne Deutsch

1 Richard hat´s verstanden. Du auch? Ergänze mit dem Verb *mögen* oder mit einem passenden Verb und dem Adverb *gern*.

a Monsieur Henry .... Onkel Georg nicht.
b Karolin .... an der Hotelrezeption.
c Herr Günther und Frau Elfriede .... die italienische Küche.
d Karolin .... kein Französisch.
e Richard .... Deutsch mit Karolin.
f Karolin .... in das Fitnesscenter.

39

ÜBUNGEN

Hörverständnis

1 Sarah und Karolin sollen den Tisch festlich decken. Frau Elfriede erklärt ihnen wie. Höre den Text zweimal und vergleiche mit der Zeichnung. Haben sie etwas vergessen?

2 Und noch einmal. Wie heißen die Gegenstände?

....
....
....
....

Sprechen wir darüber?

1 Heute Abend hast du Gäste. Was kochst du. Bespreche mit deinem Partner das Menü. Einige Ideen findest du auch in dem HV S. 26.

Vorspeise: ....
Erster Gang: ....
Zweiter Gang: ....
Dessert: ....
Getränke: ....

40

KAPITEL 6

Drama am Abend

Samstag Morgen: Karolin und Sarah sind in Zimmer 214 und machen die Betten. Sarah erzählt Karolin Klatsch [1] aus dem Hotel. Eigentlich ist das verboten, aber nun ja...

„Weißt du was?" kichert [2] Sarah, „Mrs. Freshbottom, die reiche Amerikanerin, behauptet sie ist 40! In Wirklichkeit ist sie viel älter. Na ja, mit ihrem Geld ist ein Lifting kein Problem. Dabei ist das gar nicht ihr Geld, sondern das von ihrem Mann. Der soll superreich sein. Und sie ist seine vierte Frau. Ach ja, er ist viel älter als sie, aber eigentlich noch ein toller Typ. So sportlich, und mit den grauen Schläfen...", sagt Sarah träumerisch.

1. **r Klatsch:** Gossip.
2. **kichern:** lachen.

Mord im Grand Hotel

„Du willst wohl sagen, wie Richard Gere", antwortet Karolin amüsiert.

„Ja, und so höflich. Dagegen ist sie ein richtiger Besen [1] mit ihrer Arroganz", sagt Sarah.

„Sie muss immer alles kritisieren. Weißt du, dass sie vor der Ehe mit ihm eine zweitklassige Schauspielerin war," seufzt [2] Sarah.

Auch Karolin seufzt und denkt: „Sarah ist eine richtige

1. **r Besen,-:** (*hier*) unfreundliche Person.
2. **seufzen:** laut ausatmen.

Drama am Abend

Klatschtante."

Samstag Abend: Die Terrasse ist festlich beleuchtet. Überall brennen Kerzen und die Blumendekoration duftet wunderbar. Die Tische sind mit dem besten Porzellan und schwerem Silberbesteck gedeckt. Karolin muss heute Abend beim Servieren helfen. Sie ist gespannt auf Onkel Georgs Menü. Ob es den Gästen schmecken wird?

Wichtige Leute aus dem internationalen Jetset sitzen in eleganter Abendgarderobe an den runden Tischen.

„Da… ist das nicht George Clooney?" fragt sich Karo aufgeregt, „und daneben, das ist doch … ja richtig, das ist

Mord im Grand Hotel

Angelina Jolie. Oh, das muss ich Richard sagen... oder, nein, besser nicht."

Um Mitternacht schneidet das Geburtstagskind, also Mrs. Freshbottom, deren genaues Alter niemand weiß, die Geburtstagstorte an. Ein Meisterwerk... natürlich von Onkel Georg. Karolin ist todmüde. Aber was ist denn das? Alle essen von der Torte, nur Mr. Freshbottom nicht. Er hat bei Onkel Georg Muffins mit Erdbeeren bestellt. Extra für ihn. Noch ein Prosit mit den Champagnergläsern... und plötzlich verdreht Mr. Freshbottom die Augen.

Er stöhnt, berührt seine Brust und fällt vom Stuhl. Der reiche Amerikaner liegt auf dem Rasen, die Gäste stehen um ihn herum und reden aufgeregt durcheinander. „Oh my God, Darling! schreit Mrs. Freshbottom mit schriller Stimme.

„Einen Arzt, schnell, gibt es einen Arzt hier?" fragt jemand der Gäste.

Kurz danach kommen Herr Günther, Frau Elfriede und Doktor Brinkmann, der Hotelarzt.

Doktor Brinkmann untersucht Mr. Freshbottom. Dann schüttelt er den Kopf: „Es tut mir schrecklich leid."

Und dann mit leiser Stimme: „Der Herr ist tot. Es war wohl ein Herzinfarkt."

ÜBUNGEN

Textverständnis

1 Kannst du die Fragen zu Kapitel 5 und Kapitel 6 beantworten?

a Aus welcher polnischen Stadt kommt Sarah?
b Wie sieht Sarah aus?
c Was weiß Sarah über die reiche Amerikanerin?
d Wie ist Mr. Freshbottom?
e Wo und wie findet das Geburtstagsfest statt.
f Wer ist eingeladen?
g Was macht Karolin an diesem Abend?
h Wer hat die Geburtstagstorte gemacht

Grammatik

1 Multikulti: Nationalitäten und Fremdsprachen.

Wer?	Woher?	Nationalität	Muttersprache	Fremdsprache
Karolin	Stuttgart (D)	Deutsche	Deutsch	Englisch, Französisch, Italienisch
Sarah				
Richard	Boston (USA)			
Onkel Georg				
Monsieur Henry	Dijon (F)			
Herr Günther	Zürich (CH)			
Frau Elfriede	Frankfurt (D)			
Mr. & Mrs. Freshbottom	Los Angeles (USA)			
Du				
Dein/e Lieblingssänger/in				
Dein/e Lieblingsschauspieler/in				

45

ÜBUNGEN

2 Erzähle nun deinem Partner, was in deiner Tabelle steht.

Beispiel: Karolin kommt aus Stuttgart, sie ist Deutsche. Ihre Muttersprache ist Deutsch. Sie spricht Englisch, Französisch und Italienisch.

3 Was passt? Bringe die Sätze in die richtige Reihenfolge und benutze die Konjunktionen *aber, denn, sondern, und*.

a	Das Abendessen dauert lange	1	es ist zu spät.
b	Den Gästen schmeckt die Torte sehr	2	fällt zu Boden.
c	Mr. Freshbottom mag keine Torte	3	sie ist Onkel Georgs Meisterwerk.
d	Der Amerikaner berührt seine Brust	4	isst lieber Muffins.
e	Seine Frau will nicht sofort den Hoteldirektor	5	Karolin ist todmüde.
f	Der Arzt untersucht den Amerikaner	6	einen Arzt.

Lesen Plus

1 Sarah möchte in einem Hotel arbeiten. Karolin gibt ihr Tipps, wie man einen Job findet.

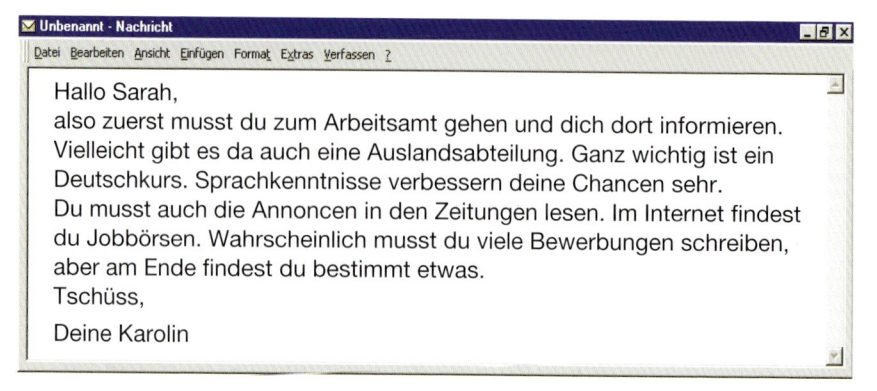

Hallo Sarah,
also zuerst musst du zum Arbeitsamt gehen und dich dort informieren. Vielleicht gibt es da auch eine Auslandsabteilung. Ganz wichtig ist ein Deutschkurs. Sprachkenntnisse verbessern deine Chancen sehr.
Du musst auch die Annoncen in den Zeitungen lesen. Im Internet findest du Jobbörsen. Wahrscheinlich musst du viele Bewerbungen schreiben, aber am Ende findest du bestimmt etwas.
Tschüss,

Deine Karolin

Schreibschule

1 Das war Karolins Antwort. Aber wie war wohl Sarahs Mail?

KAPITEL 7

Noch ein Zwischenfall

inen Tag später. Sonntag. Alle sprechen über den Tod des amerikanischen Multimillionärs. Die Gäste und das Personal sind traurig, denn Mr. Freshbottom war sehr beliebt. Er war ja so sympathisch und witzig.

„Stell dir vor, Karo", sagt Sarah beim Bettenmachen, „das viele Geld, das seine unsympathische Ehefrau nun hat."

Karolin hört nicht zu. Sie hat keine Lust zu reden. Aber mit Richard schon. In der Mittagspause geht sie ins Fitnesscenter. „Das ist alles ganz seltsam", sagt Richard nachdenklich, „ich glaube, Mr. Freshbottom hatte keinen Herzinfarkt.

Und nach einer Pause: „Er war doch jeden Tag hier und hat so viel Sport gemacht. Außerdem konnte er sehr gut schwimmen.

Mord im Grand Hotel

Für sein Alter war er topfit. Und zuhause hatte er einen Personaltrainer. Mit dem hat er jeden Morgen vor dem Büro zwei Stunden trainiert. Und er war so nett. Er hat immer gesagt, ich soll ihn in Los Angeles besuchen."

Karolin ist sehr still und traurig.

Zwei Tage später. Montag.

Noch ein Zwischenfall. Plötzlich stirbt eine ältere österreichische Baronin. Sie hat gerade die Zucchinisuppe probiert, die Onkel Georg exklusiv für sie gekocht hat. Denn die Baronin war Vegetarierin und Onkel Georg hatte immer ein Extramenü für sie. Die Dame war exzentrisch und unbeliebt bei dem Personal. Sie war nie zufrieden mit den Dingen und beklagte sich immer bei dem Hoteldirektor.

Trotzdem war sie Stammgast im Hotel und kam jedes Jahr für mehrere Wochen.

Herr Günther ist sehr besorgt, aber er verliert nicht die Kontrolle. Wieder muss er Dr. Brinkmann, den Hotelarzt, rufen. Seine Diagnose: auch diesmal ein Herzinfarkt.

Karolin und Richard sind da anderer Meinung, als sie sich abends über den neuen Zwischenfall unterhalten.

„Die Baronin", sagt Richard „hat jeden Tag lange Spaziergänge am See gemacht. Ihre Begleiterin war dann todmüde, die rüstige Baronin dagegen nicht."

„Ja, das stimmt", antwortet Karolin nachdenklich, „Sarah hat mir das auch erzählt."

Reporter von Zeitungen und Illustrierten kommen ins Hotel und wollen über die mysteriösen Todesfälle schreiben. Das gefällt vielen Gästen gar nicht. Als VIPs wollen sie ihre Ruhe. Einige reisen früher ab als geplant.

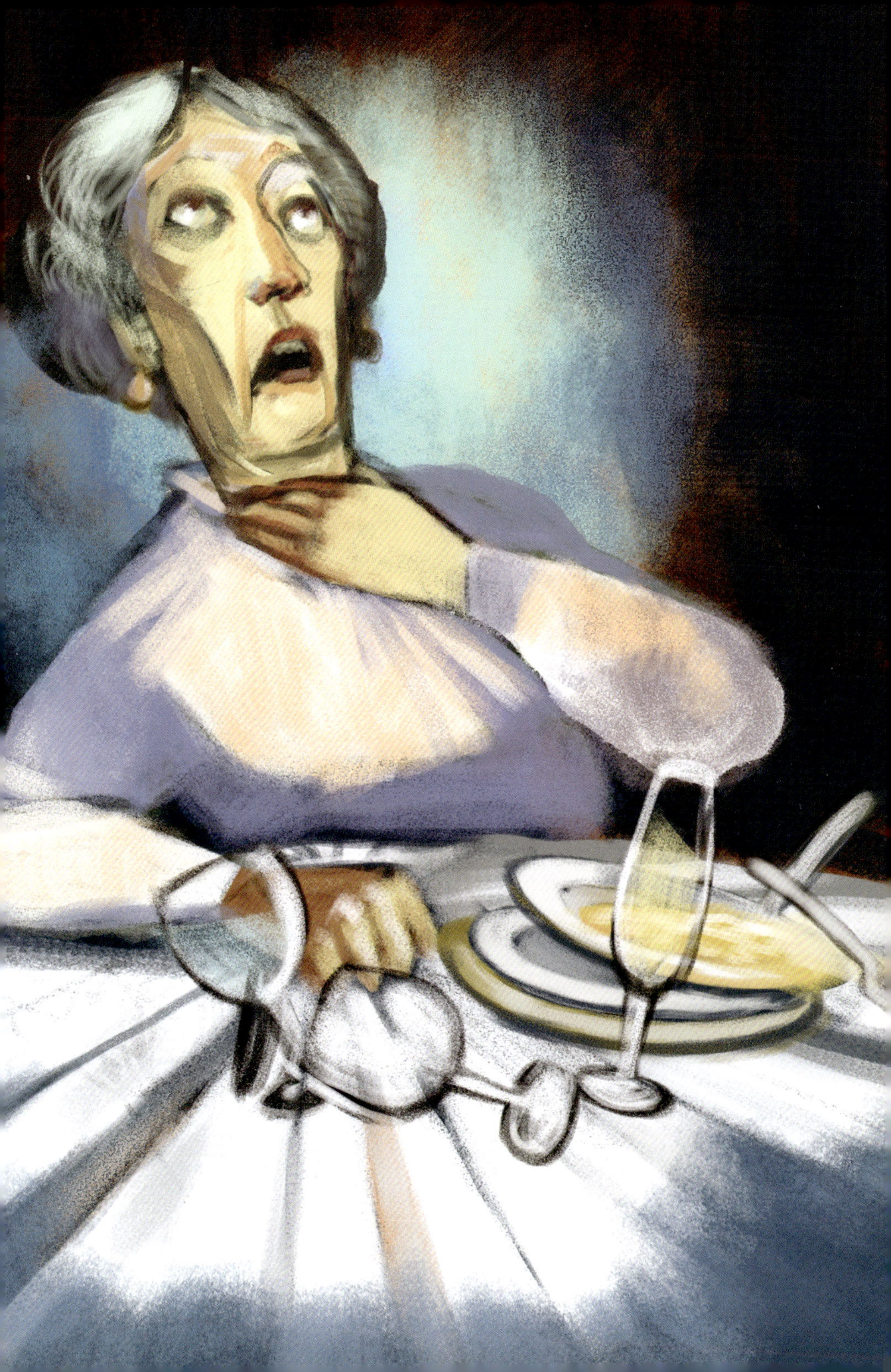

ÜBUNGEN

Textverständnis

1 Was ist richtig?

1 Die Hotelgäste sprechen
   a ☐ über das Geburtstagsfest.
   b ☐ über den Tod des Multimillionärs.
   c ☐ über Mrs. Freshbottom.
2 Die Hotelgäste und das Personal sind traurig, denn
   a ☐ Mr. Freshbottom war sehr sympathisch.
   b ☐ Mrs. Freshbottom war sehr sympathisch.
   c ☐ die Küche ist heute geschlossen.
3 Sarah erzählt Karolin,
   a ☐ sie muss nun mehr arbeiten.
   b ☐ sie darf nicht mehr im Hotel arbeiten.
   c ☐ die Amerikanerin ist nun sehr reich.
4 In der Mittagspause geht Karolin
   a ☐ in die Küche zu ihrem Onkel.
   b ☐ in den Garten zu Richard.
   c ☐ zu Richard ins Fitnesscenter.
5 Richard erzählt Karolin,
   a ☐ er muss heute viel Sport machen.
   b ☐ die Hotelgäste sind sehr sportlich.
   c ☐ Mr. Freshbottom war sehr sportlich.
6 Am Montag stirbt
   a ☐ ein älterer, russischer General.
   b ☐ eine ältere, österreichische Baronin.
   c ☐ ein älterer, englischer Popstar.
7 Herr Günther ist
   a ☐ sehr besorgt, aber verliert nicht die Kontrolle.
   b ☐ sehr amüsiert, aber zeigt das nicht.
   c ☐ sehr deprimiert, aber sagt das nicht.

50

ÜBUNGEN

2 Die Tageszeitung „Südkurier" schreibt über die mysteriösen Todesfälle im Grand Hotel du Lac. Aber durch ein Computervirus ist die Reihenfolge durcheinander geraten. Kannst du Ordnung schaffen?

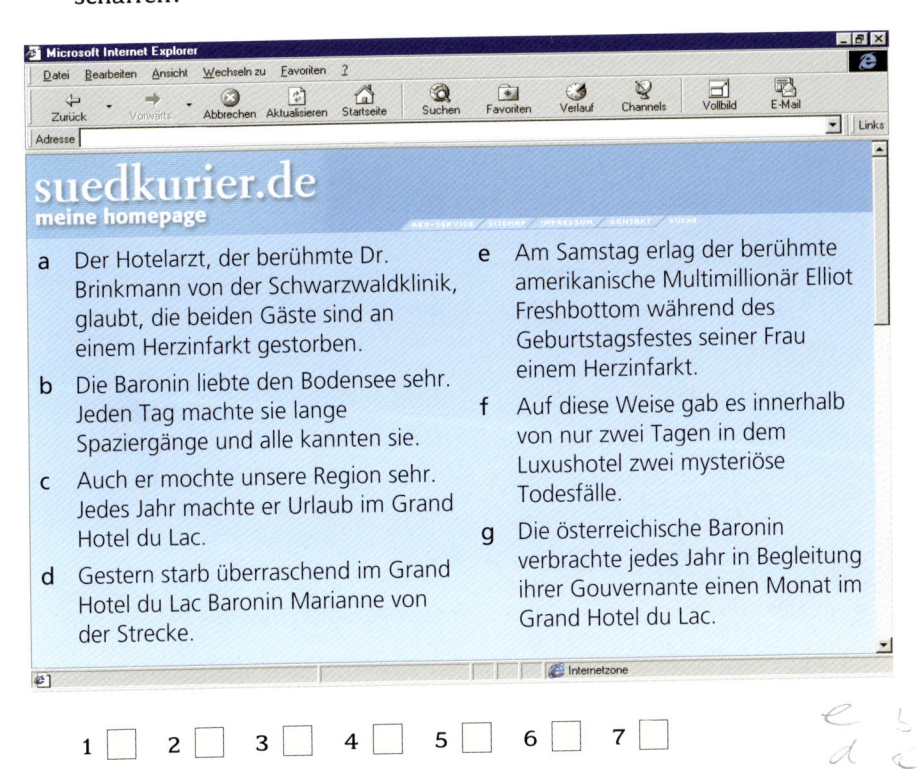

a Der Hotelarzt, der berühmte Dr. Brinkmann von der Schwarzwaldklinik, glaubt, die beiden Gäste sind an einem Herzinfarkt gestorben.

b Die Baronin liebte den Bodensee sehr. Jeden Tag machte sie lange Spaziergänge und alle kannten sie.

c Auch er mochte unsere Region sehr. Jedes Jahr machte er Urlaub im Grand Hotel du Lac.

d Gestern starb überraschend im Grand Hotel du Lac Baronin Marianne von der Strecke.

e Am Samstag erlag der berühmte amerikanische Multimillionär Elliot Freshbottom während des Geburtstagsfestes seiner Frau einem Herzinfarkt.

f Auf diese Weise gab es innerhalb von nur zwei Tagen in dem Luxushotel zwei mysteriöse Todesfälle.

g Die österreichische Baronin verbrachte jedes Jahr in Begleitung ihrer Gouvernante einen Monat im Grand Hotel du Lac.

1 ☐ 2 ☐ 3 ☐ 4 ☐ 5 ☐ 6 ☐ 7 ☐

Grammatik

1 In Übung 2 (Textverständnis) stehen die Verben im Imperfekt. Weißt du den Infinitiv?

b .... / .... / ....

c .... / ....

d ....

e ....

f ....

g ....

51

ÜBUNGEN

2 Karolin erinnert sich an ihre Ferien mit den Eltern und erzählt Sarah davon. Setze die richtige Imperfektform ein.

> bauen – fahren – finden – gehen – hören – müssen (2x)
> lesen – sein (2x) – sitzen – spielen – treffen

In den Sommerferien (**1**) .... wir jedes Jahr an die Nordsee. Am Strand (**2**) .... wir immer viele Kinder und wir (**3**) .... alle zusammen und (**4**) .... Sandburgen. Auch bei Wind und Regen (**5**) .... wir an den Strand. Dann (**6**) .... wir im Strandkorb. Das (**7**) .... sehr gemütlich. Später (**8**) .... dann meine Eltern in die Berge. Das (**9**) .... ich nicht so toll. Mein Bruder und ich (**10**) .... immer bergsteigen. Das (**11**) .... langweilig. Also (**12**) .... ich ganz viele Bücher und mein Bruder (**13**) .... viel Musik. Aber die (**14**) .... immer leise sein. Schließlich (**15**) .... meine Eltern ja im Urlaub.

Schreibschule

1 Erzähle von deinen Ferien als Kind. Dann schreibst du im Imperfekt. Oder lieber von deinem letzten Urlaub? Dann nimm das Perfekt.

ÜBUNGEN

Wortschatz

1 Berufe im Hotel. Welches Bild passt zu welchem Beruf?

> Hoteldirektor – Hoteldetektiv – Koch – Kellnerin – Rezeptionist – Sekretärin – Zimmermädchen

Hörverständnis

1 Karolin erzählt Richard von Deutschland und ihrer Heimatstadt Stuttgart. Was ist richtig, was ist falsch?

		R	F
1	Stuttgart liegt in dem Bundesland Baden.	☐	☐
2	Deutschland hat 15 Bundesländer.	☐	☐
3	Deutschland war bis 1949 zweigeteilt.	☐	☐
4	John F. Kennedy hat gesagt. „Ich bin ein Berliner."	☐	☐

53

ÜBUNGEN

Deutsch nach Englisch

1 Richard ist ein Fitness-Fan. Karolin auch. Da müssen beide ihren Körper gut kennen. Ordne die Körperteile auf Englisch und Deutsch richtig zu.

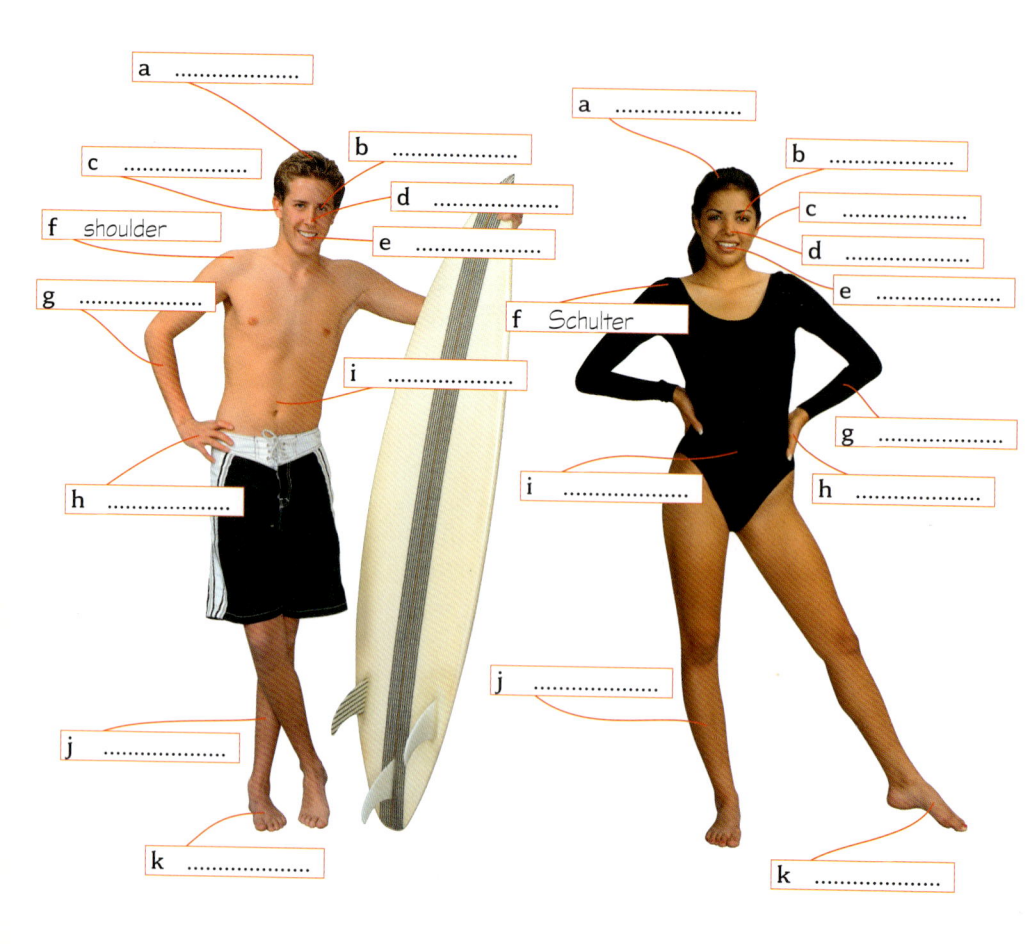

> arm – Arm – Auge – Bauch – Bein – belly – ear – eye – foot
> Fuß – hair – Haare – Hand – hand – leg – mouth – Mund
> Nase – nose – Ohr – ~~shoulder~~ – ~~Schultern~~

Richard:
- a ....
- b ....
- c ....
- d ....
- e ....
- f shoulder
- g ....
- h ....
- i ....
- j ....
- k ....

Karolin:
- a ....
- b ....
- c ....
- d ....
- e ....
- f Schulter
- g ....
- h ....
- i ....
- j ....
- k ....

54

ÜBUNGEN

▶▶▶ INTERNETPROJEKT ◀◀◀

In Berlin gibt es das erste Hotel auf der Welt, das von Jugendlichen geführt wird. Willst du mehr darüber wissen?

Dann gib den Begriff „Pension 11. Himmel" in die Suchmaschine ein.

Clicke auf die Startseite und du kommst zur Homepage.

- a In welchen Sprachen kann man sich über die Pension 11. Himmel informieren?
- b In welchem Stadtteil von Berlin liegt die Pension? Wie ist die genaue Adresse?
- c In welcher Etage liegt die Pension?
- d Wie viele Zimmer hat die Pension?
- e Kann man dort nur frühstücken oder auch zu Mittag und zu Abend essen?
- f Wie viel kostet eine Übernachtung?

  Jetzt weißt aber noch nichts über die Jugendlichen, die das Hotel führen. Gehe zurück auf das Suchergebnis von Google. Du findest dort den Kurztext einer Fernsehsendung des Zweiten Deutschen Fernsehens (ZDF) über die Pension 11. Himmel.
- g Wie alt sind die beiden Jugendlichen im Text und wie heißen sie?

KAPITEL 8

Ein Unglück kommt selten allein

Herr Günther hat die Situation unter Kontrolle und behält die Nerven. Die meisten Gäste wollen nun doch im Hotel bleiben. Auch Mrs. Freshbottom ist noch da. Sie wartet auf einen Rechtsanwalt [1]. Die Amerikanerin verlässt ihre Suite nie.

„Sie ist schwarz angezogen und sitzt weinend vor dem Foto ihres Mannes", erzählt Sarah, „aber das ist doch nur eine Farce. Die Frau ist nicht ehrlich".

Wie immer sagt Karolin nichts dazu. Aber sie denkt: „Diesmal hat Sarah wirklich Recht."

1. **r Rechtsanwalt ("e)**: r Advokat.

Ein Unglück kommt selten allein

Und Monsieur Henry? Er hat keine Ruhe nach der Szene, die er Onkel Georg gemacht hat. Keiner spricht mehr mit ihm. Er weiß, alle denken, dass er etwas mit den mysteriösen Todesfällen zu tun hat. Die Atmosphäre im Hotel ist sehr gespannt.

Und das ist nicht alles. Am Mittwoch stirbt noch ein Gast. Ist Onkel Georgs Fisch-Menü daran schuld? Das nur für ihn bestimmt war?

Die Luft im Hotel ist zum Schneiden dick. Denn dieser Gast, ein smarter Manager, war wirklich noch jung.

Auch Dr. Brinkmann ist nun alarmiert und ruft die Polizei.

Mord im Grand Hotel

Die will eine Autopsie des Toten.

Polizei im Grand Hotel du Lac. Was für ein Skandal! Vor dem Hotel kampieren Reporter und Fotografen. Sie wollen jeden Gast, der rein oder rauskommt, interviewen.

„Das sind Paparazzi", erklärt Karolin Richard. „Paparazzi", sagt Richard, „das ist doch Italienisch." „Ja, glaubst du denn, wir haben nur englische Wörter im Deutschen?" antwortet Karolin.

Einige Stunden später. Die Nachricht schlägt wie eine Bombe ein: Es war kein Herzinfarkt. Es war Gift [1]. Dreimal Gift. Natürlich denken alle sofort an Monsieur Henry. Seine Eifersucht. Wollte er sich an Onkel Georg rächen?

Am nächsten Tag kommt Kriminalkommissar Gandolf ins Hotel. In der Hotelküche versammelt er das Personal und stellt Fragen. Richard erzählt, wie fit Mr. Freshbottom und Baronin von der Strecke waren. Dann sagt Kommissar Gandolf sehr energisch: „Ich möchte jetzt mit Monsieur Henry unter vier Augen sprechen. Lassen Sie uns bitte allein."

Nach der Unterredung [2] ist der Koch konfus und zittert am ganzen Körper.

„Er darf den Ort nicht verlassen und morgen früh um 9.00 Uhr muss er aufs Kommissariat", flüstert Sarah Karolin zu. „Woher weiß sie das nur?" fragt sich Karo.

Karolin und Richard treffen sich später im Fitnesscenter. „Ich bin sicher, der Mörder ist jemand anders", sagt Richard. „Ja, das glaube ich auch", antwortet Karo, „vielleicht jemand von den Gästen." Und nach einer Pause: „Aber wer bloß? Und warum?" seufzt Karo.

1. **s Gift**: tödliche Substanz.
2. **e Unterredung(en)** : unangenehme Unterhaltung.

ÜBUNGEN

Textverständnis

1 Weißt du die Antwort?

a Wie reagiert Herr Günther?
....

b Was macht Mrs. Freshbottom?
....

c Was macht Monsieur Henry?
....

d Warum ist die Atmosphäre im Hotel gespannt?
....

e Was entscheidet Dr. Brinkmann?
....

f Was zeigt die Autopsie?
....

g Was erzählt Richard Kommissar Gandolf?
....

h Wie fühlt sich Monsieur Henry nach der Unterredung mit dem Kommissar?
....

2 Was weißt du über diese Personen?

Mr. Freshbottom	Baronin von der Strecke

ÜBUNGEN

3 Deine Phantasie ist gefragt. Schreib Infos zu dem dritten Toten.

....
....
....
....

Deutsch nach Englisch

1 Was ist Englisch, was ist Deutsch? Ordne die Wörter in zwei Spalten und markiere die Konsonanten. Achte auf die Großschreibung.

unter — apple — zwanzig — two — hope — cat — offen — pound — zwölf — hundert — schiff — bad — three — drei — book — ship — cook — twenty — kochen — make — speak — buch — fieber — pfund — hoffen — cold — kalt — drink — card — katze — open — come — bath — kommen — good — door — gut — sprechen — hundred — trinken — tür — under — zwei — twelve — apfel — karte — machen — fever

	Englisch	Deutsch
c→k		
d→t		
k→ch		
p→pf	apple	Apfel
th→d		
tw→z		
v→b→f		

Grammatik

1 **Vervollständige mit der richtigen Präposition.**

1. Herr Günther hat die Situation ... Kontrolle.
   a ☐ über   b ☐ unter   c ☐ auf   d ☐ an
2. Mrs. Freshbottom weint ... dem Foto ihres Mannes.
   a ☐ hinter   b ☐ unter   c ☐ über   d ☐ vor
3. Monsieur Henry hat keine Ruhe ... der Szene.
   a ☐ vor   b ☐ nach   c ☐ an   d ☐ auf
4. Keiner spricht mehr ... ihm.
   a ☐ über   b ☐ mit   c ☐ für   d ☐ nach
5. .... dem Hotel kampieren Reporter und Fotografen.
   a ☐ auf   b ☐ über   c ☐ vor   d ☐ unter
6. ... der Unterredung ist der Koch konfus.
   a ☐ hinter   b ☐ vor   c ☐ nach   d ☐ in

2 **Setze die richtige Verbform im Präsens ein.**

a. Herr Günther (*beruhigen*) .... die Gäste.
b. Mrs. Freshbottom (*verlassen*) .... nie ihr Zimmer.
c. Alle (*meiden*) .... den armen Monsieur Henry.
d. Die gespannte Atmosphäre im Hotel (*gefallen*) .... Karolin nicht.
e. Am Mittwoch (*sterben*) .... noch ein Gast.
f. Der Hotelarzt (*entscheiden*) .... die Polizei zu rufen.
g. Die Nachricht (*einschlagen*) .... wie eine Bombe ....
h. Die Situation (*werden*) .... immer tragischer.
i. Am nächsten Tag (*kommen*) .... Kommissar Gandolf.
j. Der Kommissar (*wollen*) .... allein mit Monsieur Henry sprechen.

Lesen Plus

Kochrezept: Bodenseeforelle aus dem Römertopf.

1 Lies die Liste der Zutaten und kreuze das richtige Foto an.

Zutaten für 4 Personen:

a   600 gr Forellenfilet
b   200 gr Karotten
c   150 gr Sellerie
d   300 gr Lauch
e   2 Zwiebeln
f   4 Knoblauchzehen
g   40 gr Butter
h   300 gr Kartoffeln
i   125 ml Weißwein
j   30 gr Petersilie

Den Römertopf zirka 20 Minuten in kaltes Wasser legen. Das Gemüse waschen und in kleine Streifen schneiden. In den Topf legen und würzen. Die gewaschenen Forellenfilets salzen und pfeffern und roh auf das Gemüse legen. Den Weißwein dazugießen und den Römertopf schließen. Bei 220° 40 Minuten im Backofen garen lassen. Die Forellenfilets im Römertopf servieren mit Reis als Beilage.

Alles verstanden?

KAPITEL 9

Der Albtraum ist zu Ende

Am Abend treffen sich Karolin und Richard zum Tandemlernen in dem kleinen Park neben der Küche. Keiner der beiden kann sich konzentrieren. Immer wieder sprechen sie über die traurigen Vorfälle im Hotel.

„Alles ist so unangenehm und peinlich", seufzt Carolin, „zum Glück weiß Mama noch nichts davon. Und der arme Monsieur Henry. Er ist zwar unsympathisch, aber bestimmt nicht der Schuldige. Ob Onkel Georg das gleiche denkt?"

„Ich glaube, Monsieur Henry macht viele Drohungen," sagt Richard, „aber er kann keiner Fliege etwas zu Leide tun. Ich habe übrigens gemerkt, dass nachts jeder ohne Problem die Küche betreten kann. Da könnte man doch zum Beispiel die Zutaten,

Mord im Grand Hotel

manipulieren, die Onkel Georg benützt.

Vorgestern Abend konnte ich nicht schlafen und bin in die Küche gegangen, um ein Glas Milch zu trinken. Alle schliefen, es war totenstill im Hotel, nur der Nachtportier las ein Buch. Stell dir vor, ich bin an ihm vorbeigegangen und er hat nichts gemerkt. Und das bei der perfekten Organisation von Herrn Günther!"

Richard guckt auf seine Armbanduhr.

„Oh Gott", ruft er aus, „es ist fast schon 2 Uhr morgens. Wie die Zeit vergeht. Morgen, ach nein, heute muss ich im Fitnesscenter mal richtig aufräumen."

Karolin und Richard haben gar nicht gemerkt, wie spät es geworden ist. Langsam gehen sie zurück in das Hotelgebäude.

An der Rezeption ist der Nachtportier über seinem Buch eingeschlafen und schnarcht leise.

„Auch ich bin todmüde...", sagt Karo und kann nicht zu Ende sprechen, denn Richard gibt ihr ein Zeichen, sie soll still sein. „Sprich leise", flüstert er, „ich glaube, in der Küche ist jemand mit der Taschenlampe. Komm, wir gucken mal!"

Karolin folgt Richard, aber sie hat ein bisschen Angst. Auf Zehenspitzen schleichen die beiden in die Küche.

Und was sehen sie da? Im schwachen Schein der Taschenlampe hantiert jemand mit den Gewürzdosen, die nur Onkel Georg benutzt. Denn nur er bereitet exotische Speisen zu.

Die beiden erkennen nicht sofort, wer die Person ist. Aber dann...

„Oh mein Gott", flüstert Karolin voller Angst, „Das ist ja Mrs. Freshbottom! Was macht die denn da?"

Genau! Mit spitzen Fingern streut sie vorsichtig ein weißes

Der Albtraum ist zu Ende

Pulver in die Dosen.

„Ja dann...ja dann", stottert Karo, „dann ist sie die Mörderin. Aber warum nur?"

Genau in diesem Moment stolpert Richard über etwas, das auf dem Boden liegt. Mrs. Freshbottom hört das Geräusch und dreht sich um, sieht aber nur Karolin, denn Richard hat sich blitzschnell hinter einem Schrank versteckt. Schnell läuft sie auf das Mädchen zu und greift es am Arm. Ihr Gesicht ist wutverzerrt. „Du dumme Gans!", zischt sie, „was machst du hier? Wieso liegst du nicht im Bett?"

Karolin versucht sich loszureißen, aber vergeblich. Mrs. Freshbottom ist sehr stark.

„Oh, nein, meine Kleine", sagt sie drohend, „du hast nichts gesehen. Du hast überhaupt nichts gesehen" und hält Karolin ein Messer vor die Brust.

Karolin ist starr vor Schreck.

„Richard! Wo bist du? Hilfe, Hilfe", will sie schreien, aber kein Wort kommt aus ihrem Mund.

Da stürzt sich Richard von hinten auf die Frau. Das Messer fällt auf den Boden.

Der Lärm hat den Portier aufgeweckt. Er kommt in die Küche, aber da ist schon alles vorbei. Richard hält Mrs. Freshbottom fest. Die Polizei kommt schnell und auch Kommissar Gandolf. Die Amerikanerin gesteht [1] alles. Ihren Mann hat sie wegen des Geldes umgebracht. Die anderen zwei Gäste als Alibi. Damit der Verdacht auf den armen Henry fällt. Seine Eifersucht war ja bekannt. Ein überzeugendes Motiv.

---

1. **gestehen:** sagen, was man Negatives gemacht hat.

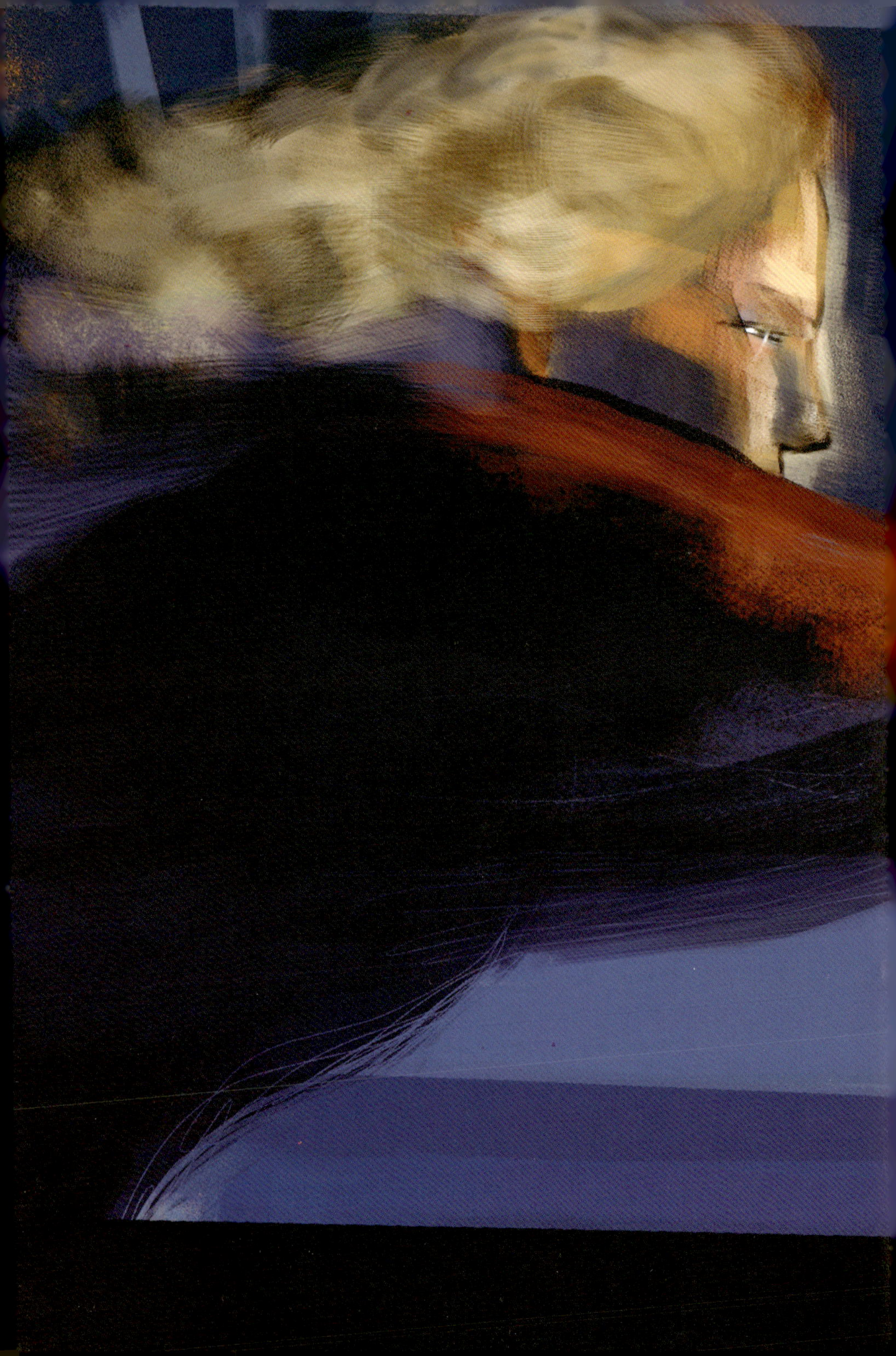

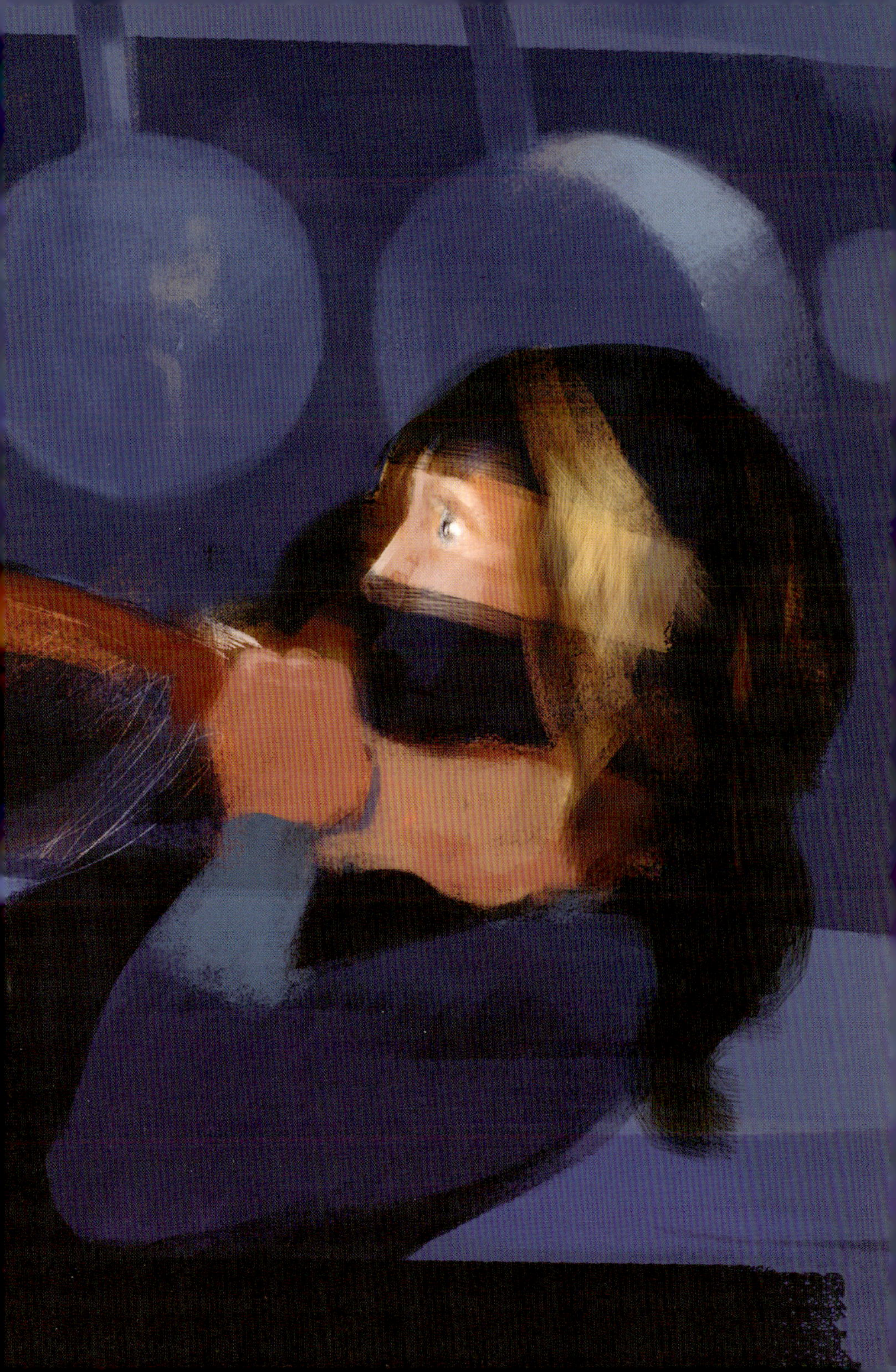

ÜBUNGEN

Textverständnis

1 Lies Kapitel 9 noch einmal und ergänze die Lücken.

Am Abend (1) .... Karolin und Richard in dem kleinen (2) .... zum (3) .... (4) .... der beiden kann sich (5) .... Immer wieder (6) .... sie über die traurigen (7) .... im Hotel. Alle schliefen, es war (8) .... im Hotel, nur der (9) .... las ein Buch. Karolin und Richard haben gar nicht (10) ...., wie (11) .... es geworden ist. Karolin (12) .... Richard, aber sie hat ein bisschen (13) .... Die beiden schleichen in die (14) .... Im schwachen Schein der (15) .... streut jemand etwas in die Gewürzdosen, die nur Onkel Georg (16) .... Mrs. Freshbottom hört das (17) .... und dreht sich um. Karolin (18) .... sich loszureißen, aber vergebens. Das (19) .... fällt auf den Boden. Der Lärm hat den (20) .... aufgeweckt. Er (21) .... in die Küche, aber da ist schon alles vorbei. Die (22) .... kommt (23) .... und auch Kommissar Gandolf. Die (24) .... gesteht alles. Ihren Mann hat sie (25) .... des Geldes umgebracht.

2 Wer ist wer? Lies die Kurzbeschreibungen. Auf welche Person aus unserer Geschichte passen sie?

a Sie ist keine Deutsche, lernt Fremdsprachen und möchte als Rezeptionistin arbeiten. Sie ist sympathisch, aber redet zuviel:
....

b Auch sie ist keine Deutsche, aber lebt schon lange in Deutschland. Sie ist nicht mehr ganz jung, blond, ruhig und ab und zu raucht sie gern eine Zigarette:
....

c Er ist Deutscher, aber hat schon in ganz Europa gearbeitet. Er macht seinen Job toll und ist deswegen berühmt:
....

d Er ist kein Deutscher, spricht wenig Deutsch und will es verbessern. Er ist sportlich, gut erzogen und möchte Medizin studieren:
....

e Er kommt aus einem Nachbarland Deutschlands. Dort ist alles immer perfekt in Ordnung. Er ist nicht mehr ganz jung, sehr elegant und diskret:
....

f Sie hat schon ganz gute Fremdsprachenkenntnisse, aber Französisch mag sie nicht. Ihre Mutter ist immer sehr besorgt:
....

g Sie kommt aus demselben Land wie die Person d. Sie ist vielen Leuten unsympathisch. Als sie jung war, hatte sie nicht viel Geld:
....

h Er kommt auch aus einem Nachbarland Deutschlands. Er macht seinen Job gut, aber wird wütend, wenn jemand besser als er ist:
....

Grammatik

1 Bilde aus den Fragmenten Sätze und achte auf die Großschreibung.

a den/ ferien/ in/ hotel/ luxuriösen/ Karolin/ einem/ arbeiten/ in/ Bodensee/ am.
b abholen/ ihr/ bahnhof/ vom/ onkel/ sie.
c höflich/ sehr/ und/ hoteldirektor/ sein/ nett/ der.
d kennen/ lernen/ amerikaner/ Karolin/ einen/ jungen.
e onkel/ dem/ nicht/ koch/ gefallen/ französischen/ Georg.
f geburtstagsfest/ sterben/ amerikaner/ bei/ plötzlich/ dem/ ein.
g viele/ der/ mörder/ Henry/ leute/ glauben/ sein/dass.
h gäste/ hotel/ schnell/ viele/ verlassen/ das.
i abend/ zum/ Karolin/ tandemlernen/ mit/ amerikaner/ dem/ jungen/ sich/ am/ treffen

Menschen im Hotel

Das Hotel als Mikrokosmos ...

Karolin weiß es vielleicht nicht: das Grand Hotel aus der Jahrhundertwende, aber auch das gewöhnliche Hotel haben Literaturgeschichte geschrieben. Der Mikrokosmos Hotel als idealer Ort für die verschiedensten, oft tragischen Menschenschicksale. Die literarische Tradition begann die heute vergessene Autorin Vicki Baum mit ihren Romanen *Hotel Shanghai* und *Menschen im Hotel*. Letzterer wurde mit Greta Garbo in der Hauptrolle auch ein Filmhit.

In einem Pariser Grandhotel beginnt Felix Krull, der Protagonist von Thomas Manns *Bekenntnisse des Hochstaplers Felix Krull* seine Karriere als Liftboy, Kellner und Betrüger. Tragisch sind die Hotelbeschreibungen in der deutschen Emigrationsliteratur im Dritten Reich. Zum Beispiel das Warten auf ein Visum in einem Hotelzimmer in Marseille in Anna Seghers' *Transit Marseille* oder in Paris in Hans Werner Richters *Julitag*.

In den 1950er Jahren angesiedelt, aber ebenso tragisch: *Homo Faber* des Schweizers Max Frisch. Walter Faber und Sabeth ziehen von Hotel zu Hotel, und er weiß nicht, dass seine Gefährtin eigentlich seine Tochter ist.

Franziska dagegen in *Die Rote* von Alfred Andersch kann wie Karolin Fremdsprachen, verlässt ihren Mann von heute auf morgen und reist ohne Gepäck und nur mit dem Geld, das sie gerade in der Handtasche hat, in das winterliche Venedig. Dort sucht sie einen Job in einem Grand Hotel.

Zurück zum Bodensee. Auch dort gibt es Hotelliteratur. Und etwas zu lachen: In Karl Jakob Hirschs Roman *Felix und Felicia* haben die beiden Protagonisten im mondänen Inselhotel in Konstanz ein Zimmer gebucht. Aber ihr Wagen ist alt und sie haben zwei Hunde. Da sagt der Portier einfach: „Wir sind ausgebucht". Ist das Hotel Fiktion oder Wirklichkeit? Die Internet-Recherche auf Seite 77 hilft dir weiter.

... und als Schreibatelier

Menschen im Hotel sind oft auch Schriftsteller. Viele Werke der Weltliteratur wurden in Hotels geschrieben. Von 1904 bis 1914 lebte Marcel Proust im Grand Hotel in Cabourg. In seinem Werk *A la recherche du temps perdu* wird es zum Hotel de Balbec. Ernest Hemingway verfasste im Hotel Riviera in Rapallo an der italienischen Riviera seine berühmte Kurzgeschichte *Cat in the Rain*. Schriftsteller und ihre Probleme, auch das kann sich in Hotels abspielen. Im Hotel Courtrai in Brüssel versucht Paul Verlaine seinen Kollegen Arthur Rimbaud umzubringen. Scott F. Fitzgerald (*Tender is the Night*) streitet sich mit seiner Frau in einem Grand Hotel in Antibes an der Côte d´Azur. Dort, nämlich in Cannes, begeht 1949 Thomas Manns Sohn, Klaus, in einem Hotel Selbstmord. Wie Cesare Pavese, der sich ein Jahr später im Hotel Roma in Turin das Leben nimmt.

KAPITEL 10

Sechs Monate später

Am Flughafen Stuttgart, am Check-in Schalter. Eine Stewardess kontrolliert die Tickets, Koffer kommen auf das Gepäckband. Auch Karolins Koffer. Denn Karolin geht wieder auf große Reise. Allein und diesmal mit dem Flieger. In die USA, nach Boston. Die ganze Familie ist versammelt, auch Bruder Hans und die Oma. Wie immer macht sich die Mutter Sorgen.
„Karolin", sagt sie aufgeregt „ruf sofort an, wenn du angekommen bist. Und pass auf, wenn...".
„Schluss jetzt", unterbricht sie der Vater, „unsere Tochter hat ganz andere Abenteuer bestanden. Gib ihr jetzt einen Kuss und lass sie gehen."

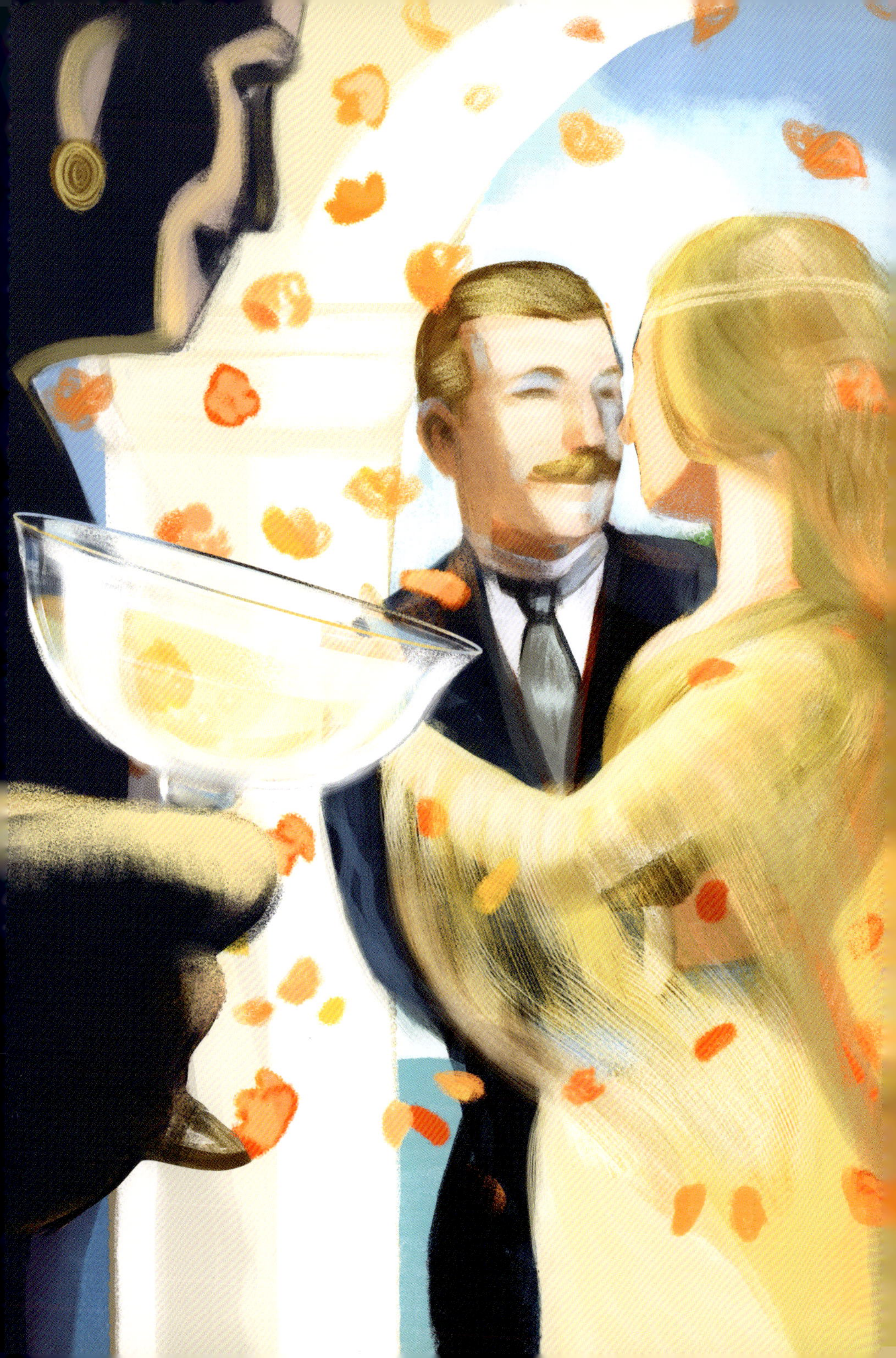

Mord im Grand Hotel

Soviel ist passiert. Mrs. Freshbottom sitzt im Gefängnis und wartet auf ihren Prozess. Natürlich in Amerika. Das Grand Hotel hat durch die schlechte Publicity zuerst viele Gäste verloren. Aber nach einigen Wochen war wieder alles wie vorher. Dafür haben Herr Günther und Frau Elfriede gesorgt. Ach ja, und dann haben die beiden auch geheiratet. Das war eine Überraschung für alle. Selbst Sarah wusste davon nichts.

Das Hochzeitsmenü war ein Bombenerfolg. Monsieur Henry und Onkel Georg haben es gemeinsam zubereitet.

Sie sind ja jetzt Freunde.

Aber Onkel Georg will das Grand Hotel Du Lac verlassen. Sein Plan: Er will ein kleines, aber feines Restaurant in Stuttgart eröffnen. Mama und Oma — beiden können ja so gut kochen — wollen ihm helfen. Tja, und ich? Ich bin jetzt unterwegs nach Amerika, um Richard zu besuchen. In den sechs Monaten hat er viel Deutsch gelernt. Er spricht es fast besser als ich Englisch. Mit seiner Familie feiern wir Weihnachten und Sylvester. Neujahr in den USA. Nicht schlecht! Und dann zeigt mir Rich ein bisschen die Umgebung von Boston. Und im nächsten Sommer kommt er nach Stuttgart.

Wir sind ja schließlich ein Tandem.

ÜBUNGEN

Textverständnis

1 Die Antwort hast du schon. Wie heißt die Frage?

a ....?
Sie ist am Flughafen Stuttgart.

b ....?
Sie wollen Karolin verabschieden.

c ....?
Karolins Mutter ist besorgt.

d ....?
Mrs. Freshbottom sitzt in Amerika im Gefängnis

e ....?
Nein, das Hotel hat wieder viele Gäste.

f ....?
Herr Günther und Frau Elfriede haben geheiratet.

g ....?
Nein, Monsieur Henry und Onkel Georg sind jetzt Freunde.

h ....?
Er will ein Restaurant in Stuttgart eröffnen.

i ....?
Karolin fliegt nach Amerika.

j ....?
Sie feiert Weihnachten und Sylvester mit Richard und seiner Familie.

ÜBUNGEN

Hörverständnis

1 Karolin sucht in einer Buchhandlung einen Reiseführer. Höre den Text zweimal und ergänze die Lücken.

Verkäuferin: „Guten Tag, kann ich ………… helfen?"
Karolin: „Ja, ich ………… einen Reiseführer zu den Vereinigten Staaten."
Verkäuferin: „Welchen ………… der USA denn genau?"
Karolin: „Ehm, also, die Region ………… Boston."
Verkäuferin: „Ah, Neuengland, Massachusetts… . Einen ………… . Ja, …………, das ist der *Polyglott-Reiseführer*. Aber wir haben auch die neuste ………… des *Guide Michelin*. Allerdings nur auf ………… . Wir ………… auf die Übersetzung. Ich habe aber auch eine ………… deutsche Ausgabe von *Lonely Planet*.
Karolin: „Nee, das ist ja dann gar nicht mehr ………… ."
Verkäuferin: „Wenn Sie ein ………… Geduld haben. Der neue ………… von *Lonely Planet* erscheint Ende des Monats.
Karolin: „Oh, super. Das sind die ………… Reiseführer überhaupt und speziell für ………… ………… geschrieben. Und da lernt man ………… ganz nebenbei."

Lesen Plus

1 Karolins Mutter erzählt ihrer Freundin Erika von Onkel Georgs neuem Restaurant. Bringe den Dialog in die richtige Reihenfolge.

Mutter		Erika	
a	Das war früher „Der Jägermeister".	1	Und wann ist es geöffnet?
b	Jetzt heißt es „Zum Heiligen Georg".	2	Aber bei dem Museum ist kein Restaurant.
c	Es ist ganz in der Nähe vom Museum.	3	„Der Jägermeister?"
d	Na klar! 459522.	4	Ah ja! Kannst du mir die Telefonnummer geben?
e	Täglich außer Sonntag.	5	Sag mal, wo ist das Restaurant von deinem Bruder?

ÜBUNGEN

▶▶▶ INTERNETPROJEKT ◀◀◀

Das Inselhotel in Konstanz

Gib den Begriff „Inselhotel + Konstanz" in die Suchmaschine ein. In Deutschland nennt man das auch „googeln".

a   Wie viele Sterne hat das Inselhotel und zu welcher internationalen Hotelkette gehört das Haus?
b   Wie viele Räume kann man virtuell besichtigen? Welcher Raum interessiert dich besonders?
c   Auf welchen Menüpunkt musst du clicken, um ein Zimmer zu buchen? Und welche Angaben musst du für eine Buchung machen?
d   Weißt du wie viele Zimmer und Suiten das Hotel hat? Und wo kann man etwas essen und trinken im Hotel? Für wie viele Leute ist dort Platz und welche Spezialitäten werden serviert?
e   Welche Sportarten kann man in der Umgebung des Hotels treiben. Nenne drei Sehenswürdigkeiten (Museen etc.), die du besichtigen möchtest.
f   Mit welchen Verkehrsmitteln kannst du das Inselhotel erreichen? Wie heißen die drei Flughäfen in der Nähe und wie viele Kilometer sind sie vom Hotel entfernt?
g   Du möchtest die Entfernung von deinem Heimatort zum Hotel berechnen. Mit welchem Tool machst du das? Genau, mit dem Routenplaner. Neugierig? Dann probier mal.
h   Und zu guter Letzt: unter welchem Menüpunkt findest du etwas zur Geschichte des Hotels? Gefunden? Sehr gut! Wann wurde das Hotel eröffnet und durch wen?

ABSCHLUSSTEST

Textverständnis

1 **Ist diese Geschichte richtig? Korrigiere den Text .**

a Karolin ist eine 18-jährige Realschülerin und kommt aus München.
....

b Sie verbringt ihre Ferien am Gardasee und arbeitet als Au-pair Mädchen in einem Hotel.
....

c Ihre Tante arbeitet da als Rezeptionistin.
....

d Dort lernt Karolin den Franzosen François aus Bordeaux kennen.
....

e Er hat ein Fitnesscenter.
....

f Beide fahren gerne Fahrrad. Deshalb benutzen sie ein Tandem.
....

g François hat italienische Großeltern.
....

h Im Hotel sterben vier Personen an einem Herzinfarkt.
....

i Der Rechtsanwalt glaubt, der Schuldige ist der Hotelarzt.
....

ABSCHLUSSTEST

Wortschatz

1 Rund ums Hotel. Setze das passende Wort aus der Liste ein.

Bau – Gäste – Fitnesscenter – Frühstücksbüffet – Hotelarzt – Hoteldirektor – Kerzen – Küchenchefs – Park – Personal – Terrasse – Tische – Zimmer – Zimmermädchen

Das Grand Hotel liegt am Bodensee und ist ein (1) .... aus der Jahrhundertwende. Es hat einen (2) .... und eine große (3) .... Die (4) .... sind groß und schön eingerichtet. Das (5) .... besteht aus dem (6) .... mit seiner Assistentin, zwei (7) .... und vielen (8) .... Ein (9) .... kümmert sich um die Gesundheit der (10) .... Diese schätzen besonders das reichhaltige (11) .... Abends kann man draußen dinieren. Überall brennen (12) .... und die (13) .... sind festlich gedeckt- Die überflüssigen Kilos kann man dann im (14) .... abtrainieren.

2 Reisen und Verkehrsmittel. Setze das passende Wort aus der Liste ein.

Auto – Billigfluglinie – Fahrrad – Fahrt – Flughafen – Flugzeug – Strecke – Stunden (2x) – Umsteigen – Zug

Den Bodensee kann man mit dem (1) ...., dem (2) .... oder dem (3) .... erreichen. Für die (4) .... Stuttgart - Konstanz braucht man etwas mehr als zwei (5) .... mit dem schnellen Intercityexpress. Aber man muss in Singen umsteigen. Ohne (6) .... dauert die (7) .... mit der Regionalbahn fast drei (8) .... Dafür kann man aber sein (9) .... mitnehmen. Das ist bequem und billiger als ein Fahrrad zu mieten. Der nächste (10) .... ist in Friedrichshafen. Eine (11) .... verbindet Friedrichshafen direkt mit London.

79

ABSCHLUSSTEST

Grammatik

1 Adjektive und ... der Bodensee. Setze die richtige Endung ein.

Der Bodensee ist ein groß (1) .... See in Süden von Deutschland. Das mild (2) .... Klima und die malerisch (3) .... Landschaft zieh en viel (4) .... Besucher an. Die baden auch gerne in dem sauber (5) .... Wasser. An kühler (6) .... Tagen besichtigen sie die historisch (7) .... Stadt Konstanz oder machen einen Ausflug mit der Fähre zur Insel Mainau mit ihrer tropisch (8) .... Vegetation. Im alt (9) .... Schloss wohnt noch heute die Grafenfamilie Bernadotte. Mit dem Zeppelin kann man einen spannend (10) .... Rundflug über den See machen oder mit dem Fahrrad auf sicher (11) .... Straßen am Seeufer entlang fahren.

Lösungen

Leseverständnis

1 A Karolin ist eine fast 17-jährige Gymnasiastin und kommt aus Stuttgart.
B Sie verbringt ihre Ferien am Bodensee und macht ein Praktikum in einem Hotel.
C Ihr Onkel arbeitet da als Küchenchef.
E Dort lernt Karolin den Amerikaner Richard aus Boston kennen.
F Er arbeitet im Fitnesscenter.
G Beide mögen Fremdsprachen. Deshalb lernen sie Deutsch und Englisch im Tandem.
H Richard hat deutsche Großeltern.
I Im Hotel sterben vier Personen durch Gift.
J Der Kommissar glaubt, der Schuldige ist der zweite Küchenchef.

Wortschatz

1 1 Bau 2 Park 3 Terrasse 4 Zimmer 5 Personal 6 Hoteldirektor 7 Küchenchefs 8 Zimmermädchen 9 Hotelarzt 10 Gäste 11 Frühstück 12 Kerzen 13 Tische 14 Fitnesscenter

2 1 Auto 2 Zug 3 Flugzeug 4 Strecke 5 Stunden 6 Umsteigen 7 Fahrt 8 Stunden 9 Fahrrad 10 Flughafen 11 Billigflinglinie

Grammatik

1 1 großer 2 milde 3 malerische 4 viele 5 sauberen 6 kühleren 7 historische 8 tropischen 9 alten 10 spannenden 11 sicheren.

80